「また会いたい」と思われる人になる7つの習慣

植西 聰
Uenishi Akira

ロング新書

プロローグ

少しの考え方と習慣を変えるだけで「また会いたい人」になれる

この本は、「あの人にまた会いたくなる」と思われる魅力的な自分になるための方法を紹介するものです。

そのように思われるということは、言い換えれば、人に好かれる人、人気者になるということです。

人から好かれたい、人に認められたいという気持ちは、人間が持つ自然な欲求です。

多くの人に好かれれば、仕事だって恋愛だって、うまくいく可能性が高まります。

人を元気にする人、人の元気を吸い取ってしまう人、また会いたくなる人、そうでない人など、世の中にはたくさんのタイプの人がいます。

その違いは、生まれつきの性格や環境だけで決まっているわけではありません。

大人になってから、「こうなりたい」という自分を思い描き、そのために行動することで、人間はどんどん変わっていくことができます。

ですから、今の自分がどんな人間だったとしても、「あの人にまた会いたい」と周囲から思われるような自分になることは可能です。


そうなるためには、少しの考え方と、習慣を変えていくことが必要です。

そのような人は、心の中にプラスのエネルギーがどんどん湧き出しています。

そういう人たちは、夢を追いかける日常、自分を信頼すること、楽観的な考え方などを習慣にしているため、心に自然とプラスのエネルギーが溢れだしています。

そのため、オーラがキラキラと輝き、そこにいるだけで、周囲の人の心を明るくします。

森林でマイナスイオンを浴びると気分がよくなるように、プラスのエネルギーに溢れた人と一緒にいると、人はそのプラスのエネルギーを浴びて自然とパワーがわいてきます。

反対に、常に怒りや、悲しみ、不安の感情に溢れ、心をマイナスのエネルギーで一杯にしている人と一緒にいると、周囲の人までマイナスのエネルギーを浴びるため、ドッと疲れます。そういう人と「また会いたい」と思う人はいないでしょう。

つまり、私たちは心の中のマイナスのエネルギーを減らし、プラスのエネルギーを増やすことで、自分自身を変え、周囲の人への印象も変えていけるのです。

また、心がプラスのエネルギーで一杯の人は、他人のために自分の力を貸すことを惜しみません。

心がプラスのエネルギーで一杯だと、その人たちは無意識のうちにそのエネルギーを他人におすそわけしようとします。そのため、人を励ましたり、相手の話に共感したり、思い切りほめたり、困っているときに協力したりできるのです。

その思いやり、親切な行動が、周囲の人たちの心を癒すために、「あの人とまた会ってみたい」と言われるのです。

しかし、実際に多くの人に好かれ、楽しく人づきあいを送っている人というのはそう多くはないようです。その証拠に、私のもとには人間関係のトラブルで悩んでいる人からたくさんの相談が寄せられます。

悩みとまではいかなくても、

「人気者の○○さんのようになりたい」

「なりたい自分になれたら、もっと毎日が楽しいだろうな」

と考えている人たちは多くいるでしょう。

私は、そんな人たちに、ちょっとした考え方や行動の違いで、「新しい自分」になれる、ということを伝えたくて、この本を書きました。

ページをめくるたび、心にプラスのエネルギーが増え、オーラの輝きが増していくのを感じるでしょう。

植西　聰

目次

第2章
「自分に自信を持っている」

第3章

「楽天的にものを考える」

第5章
「ほめることが上手」

第6章

「自分を励まし相手を励ます」

第7章
「相手に喜びを与えられる」

第1章
「いつも夢を持っている」

夢を持つ人のエネルギーは自分を輝かせ、人を明るくする

夢は、人を輝かせます。

なぜなら夢は、太陽と同じだからです。

地球上に住んでいる生き物は、エネルギーの源である太陽の光を浴びて生きていくことができます。

太陽の光を浴びないと、死んでしまう生物もいます。

米や野菜は、太陽のエネルギーを浴びたほど美味しくなります。

花は、必ず太陽の方向に向かって咲きます。

太陽の光が少ない地域に住んでいる人は、うつの気分になりやすく、一年中太陽の光を浴びている南の島に住む人は、いつも陽気です。

建築の専門家は、家を建てるときに「窓は大きくしましょう」と提案することが多いそうです。窓が大きいと、たくさん太陽の光を取り入れることができるからです。

太陽は、人を幸せにします。

そして、心の中に夢を持つということは、自分の中に太陽を持つということなのです。

私たちが夢を持つ人にひかれるのは、花が太陽に向かって伸びるのと同じ理由です。


もし、「自分には夢がない」という人がいても心配する必要はありません。

雨の日だって、雲の上に太陽は存在しています。

「私には夢がない」という人たちの心の奥にも、本当は輝く夢があるのです。

「どうせ叶わないから」と自分の夢を隠したり、なかったことにしたりすると、その人の持つ輝きが薄れてしまいます。


誰にも遠慮せず、夢を持ちましょう。夢を追うことを楽しみましょう。

夢を持つ人が発する太陽のようなエネルギーは、その人自身を輝かせ、周りの人までを明るく照らしてくれます。

夢は小さくても思いついただけでワクワクする

夢に優劣はありません。

「自分の家を持つなどのお金持ちになりたい」

「マッサージサロンを経営して、予約の絶えないお店にしたい」

というような大きな夢もあれば、

「今年の夏は、ハワイに行きたい」

「一泊で、温泉旅行に行きたい」

こんなささやかな夢もあります。

大きな夢だけが、夢ではありません。

「自分には夢がない」という考え方をしている人は、大きな夢だけが夢だと勘違いしているのです。

夢のサイズや形は、人それぞれです。

「私は今、何がしたい？　何が欲しい？」
と気楽に考えながら、手帳に書き出してみましょう。小さな夢がいくつもあることに気づくはずです。

小さな夢を思いついただけでも、人の心はワクワクして、明るくなります。

そして、毎日その夢について考えていると、早く叶えたくなってきて、ウズウズしてきます。

夢へのスイッチが入ると、その人の瞳はキラキラと輝き、表情もイキイキしてきます。

夢を見つけられないでいるなら、心の底にある夢を掘り起こしましょう。

夢があるけど遠くに置いたままにしてあるなら、実現に向けて何か行動をはじめましょう。

心がワクワクすると、周囲の人にもそのワクワクが伝染して、その人たちまでハッピーにできます。

夢はネガティブなエネルギーを吹き飛ばす

「空を飛ぶことを可能にしたのは、空を飛ぶ夢である」

と、イギリスの哲学者は言いました。

人類初の飛行機パイロットとなったライト兄弟は、自転車修理の店を経営しながら、飛行機の研究に精を出しました。

「人間が、空を飛べるはずがない」

と、誰もが思っていた時代です。

それでもライト兄弟は、

「われわれは、飛行機はきっと飛ぶと確信していた」

という言葉通り、空を飛ぶことに成功したのです。

自転車修理という本業をしながらの研究ですから、その苦労は並大抵のものではなかったでしょう。

たくさんの人が彼らをバカにしました。しかし、彼らの夢の持つプラスのエネルギーが、周囲のネガティブな言葉や思いをはねのけました。

鉄鋼王として有名なアンドリュー・カーネギーは、次のように言いました。

「情熱は心の刺激剤だ。それは、ネガティブな影響力を心から追い払い、心の平和をもたらしてくれる」

心に夢を持ち、前向きなエネルギーを発している人の元には、ネガティブなエネルギーが入り込む余地はありません。

ですから、しっかりと心に夢が根付いている人は、いつ会ってもプラスのエネルギーであふれています。

夢は、人を強くします。

そして、私たちは夢のある人に会うと勇気をもらい「また会いたい」と思うのです。

いつも新しいことにチャレンジしている

夢にチャレンジはつきものです。

そして、チャレンジは人の心をワクワクさせ、心にプラスのエネルギーを生む効果があります。

久しぶりに会うと何か新しい趣味をはじめていたり、仕事が進展していたりする人との会話は楽しいものです。

それは、その人がいつもチャレンジを楽しんでいて、心の状態がプラスになっているからです。

会えば、必ず新しい情報や話題を話しているＯＬの女性がいます。

彼女は、商社で経理の仕事をするかたわら、趣味ではじめたヨガに熱中していました。元々、運動神経のよかった彼女は、みるみるうちに上達し、教室の先生から、

「あなたも、人に教えてみませんか？」

とスカウトされるほどになりました。

しかし、「ただヨガが上手なだけでは先生になれない」と思い、今度は人の体の仕組みについて勉強をはじめました。

そして、「もしかしたらヨガ教室を開くかもしれない」と思い、簿記の資格を取るための勉強もはじめ、本業の仕事にもいっそう力を注ぎました。

周りの友だちは、

「また、何かおもしろいことをしているのだろうな」

と、彼女に会う前からワクワクします。

彼女に会うと、

「よし、私も負けずに頑張らなくっちゃ」

と、気力がわいてきて、励まされた気持ちになるのです。

未来の方を向いている人はイキイキしている

未来と過去では、エネルギーの大きさが全然違います。

過去はもう終わったことなので、エネルギーが増えることはありません。

一方、未来は可能性にあふれています。未来には想像もできないようないいことがあるかもしれないし、大きな夢が叶うかもしれません。ですから、未来のことを考えると人は自然とウキウキします。

つまり、未来の持つエネルギーは無限大です。そのため、未来の方を向いている人は過去ばかり見ている人に比べて、心がプラスの状態になりやすいといえます。

小さくてもいいので夢を持つと、未来が来るのが楽しみになります。

「明日は新しいことにチャレンジしてみよう」

「いつか、こんなことをやってみたい」

そうやって、夢のことを考えながら、未来の方を向いている人は表情がイキイキしています。

一方、夢がない人は、未来に楽しさを見出せず、過去にあった嬉しかった経験を、何度も振り返りやすくなります。

たとえ、過去の嬉しかった体験を振り返ってみても、人の心に生まれるプラスのエネルギーは限定されます。それに、過去の嬉しかった体験を振り返ることは、「あのときはよかった。それに比べて今は…」と後悔の気持ちを生むことも出てくるため、マイナスのエネルギーを生むことも多いのです。

過去のことばかり思い出している人は、表情に影があります。話すことも過去のことばかりなので、一緒にいる人を楽しませることができません。

夢は、自然と人を前向きにさせます。叶えたい夢を未来に描くことで、過去ばかり振り返る毎日から、抜け出すことができます。

まずは自己ベスト更新を目標に小さなチャレンジから

オリンピックに出場した陸上選手がこんなことを言いました。

「一歩でも二歩でも走れば必ず速くなる。昨日の自分、今日の自分より明日の自分と、まず自分を越えることが目標」

スポーツ選手は、自己ベストを更新することを目標に、毎日、長時間の練習をしています。

誰もが、世界のトップになれるわけではありません。だけど、日本のトップにはなれるかもしれない、大会で一位を取ることはできるかもしれない、という思いが彼らのやる気に火をつけるのです。

夢に向かう情熱が、スポーツ選手たちを輝かせるため、彼らは多くのファンに応援されるのです。

現実とあまりにもかけ離れた夢を持つと、なかなか叶わないために、時間が経つと落ち込んでしまうことがあります。

そんなときは、まず「自己ベストの更新」を目指してみると、また心がワクワクしてきます。

たとえば、事務の仕事をしている人なら、書類の整理を昨日より早くやってみる、いつもよりワンコール早く電話をとるようにしてみるなど、小さな「自己ベスト」を目指してみると、意外と楽しめます。

趣味がフラワーアレンジメントなら、昨日より愛情を込めてお花を生けてみる、昨日より素敵なアレンジに挑戦してみると、教室に行ったときにいい評判がたつでしょう。

人は誰でも、いつも上り調子に進むわけではありません。

途中で引き返したくなったり、休みたくなることもあるでしょう。

そんなとき、「自己ベストの更新」を目標にすえて、小さなチャレンジをしてみると、笑顔が戻ってきます。

楽しいことを思い浮かべて、そのまま目標にすればいい

ＯＬのＹさんとＲさんの話をしましょう。

Ｙさんは、目標にしたいことを思いつくまま、紙に書き出します。そのとき、「これはできない」「これは違う」などと一切考えません。

目標が出そろったら、はじめから一つずつ読み上げていきます。その中で、最もワクワクするものを目標として選びます。

一方、Ｒさんは、いつも深く考え込んでしまい、いい目標が見つからないといいます。理由をたずねてみると、

「どうせやるなら何か資格に結びつくようなことがいいかな、と思ったんですが、そんな勉強をする時間がないし…」

などと言って、難しい顔で答えます。

目標を決めるときに、Ｒさんのようになる人は多いと思います。

自動的に、やりたいことより、やらなくてはならないことを優先して考えてしまうのです。特に、責任感が強く、優等生タイプの人はこの傾向があります。

私たちは誰もが、幼い頃から両親や学校の先生に「○○をやりなさい」と言われて育ちます。

そして、楽しいことは後回しに、イヤでも無理やりやらなくてはならないことをやり続けているうちに、自分にとって「楽しいこと」が何なのか、わからなくなってしまうのです。

しかし、今からでも、Yさんのように、楽しい目標を見つけることはできます。

まずは、余計なことを考えずに、楽しいことを思い浮かべてみましょう。

「ああ、楽しいな」と、笑顔がでたら、それをそのまま目標にすればいいのです。

楽しいことを目標にしている人は、イキイキして他人から見ても魅力的にうつります。

おおらかに夢と向き合う

最初のうちは夢を持って輝いていても、

「やっぱり私には無理なのかも」

「チャンスが巡ってこない」

といって不機嫌な顔をする時間が増えると、その人の魅力は少しずつ色あせていきます。

それに対して、いつ会っても、一緒にいると楽しくなって、相手に「また会いたい」と思われる人は、チャンスが巡ってこないときも、あまり落ち込んだ様子を見せません。

それは、彼らが、うまくいかない時期をネガティブに捉えないで、

「そういう時期もある」

と、おおらかに受け止めているからです。

夢を叶えたいからといって、小さなチャンスを見逃してはならないと、カリカリと神経を尖らせていると、表情が硬くなります。

そんなふうにせっぱつまった状態でいると、チャンスを失ったとか、チャンスがやってこないという気持ちになったとき、落ち込んで、心が一気にマイナスの状態に傾いてしまいます。

そんなふうに小さなことに一喜一憂している人に魅力を感じる人はいません。

夢は、本気で叶うと信じ続けた人だけが叶えることができます。

ちょっとしたことでイライラしたり、ムカムカしたりしていると、せっかくチャンスがやってきたときも、冷静さが足らずにチャンスを見逃してしまうことになります。

いつもおおらかな気持ちでいると、小さなチャンスを見つけやすくなります。

そして、「またチャンスを見つけた」と喜んでいるあなたの明るさに、周囲の人はひかれて、あの人に会ったら何かいいことがありそう、と思ってくれるのです。

進化している人は、人に勇気を与える

便利な世の中になるにつれ、「努力をするのがいいことだ」と思わない人が増えているようです。

努力と聞くと、「面倒くさい」「古くさい」「どうせ報われない」「かっこわるい」といったマイナスのイメージを思い浮かべる人さえいます。

しかし、努力することは本来、素晴らしいことです。

努力すれば、努力する前よりも進化するからです。


何もせず、ボーッとしてお菓子を食べているだけでは、脂肪がつくくらいで、その人が成長することはありません。

本気で叶えたい夢を持つと、人は努力をするようになります。

例えば、女性に好きな人ができて、「その人と絶対に両思いになりたい」と願っていると、女性は、自然と努力をはじめます。

清潔感のある服を選んだり、肌荒れを防ぐためのスキンケアを丁寧にしたり、体重を減らそうとダイエットをはじめたりして、一生懸命美しくなる努力をします。

「恋をすると、女性は美しくなる」と、よく言われるのは、心がプラスのエネルギーで溢れているから、という理由のほかに、具体的な努力の結果もあるのです。

「彼と両思いになりたいから」という目標がなければ苦しいだけのダイエットも、好きな人のことを思い浮かべながらがんばることで、努力を続けることができます。

夢は、人を進化させるための後押しをしてくれるのです。

ですから、夢のある人はいつも進化しています。その進化は、周囲の人を驚かせ、「私もがんばろう」という勇気を人に与えるのです。

いつも忙しそうだが、とにかく楽しそう

「夢がある」と言いながらも、口先だけで何もしない人は、「また会いたい」と思われるどころか、「あの人は口だけの人」とマイナスの印象を持たれてしまうことがあります。

「ヨーロッパの雑貨を集めたお店を開きたい」

と同じ夢を持っているA子さんとB子さんという女性がいました。

A子さんは、雑貨屋を開くために、昼間OLとして働きながら、夜はコンビニでアルバイトをしてお金を貯めています。

雑貨店を開くための勉強もしています。さらには、商品となる雑貨を仕入れるためのルートを調べたところ、日本で買うより、ヨーロッパへ行ったほうが安く買えることがわかったため、英語の勉強もはじめました。

また、A子さんはすでに雑貨屋を経営している人を友人に紹介してもらい、開業に

向けて相談に乗ってもらっています。

一方、B子さんはというと、「雑貨店を開くのが夢」と言いながら、実際には何もしていません。

「給料が少ないから貯金ができない」と言いながらも、特に節約をすることもなく、A子さんのようにアルバイトをすることもありません。

A子さんとB子さんは、同じ夢を持っているはずなのに、行動していることはまったく違います。

この二人のどちらが周囲から人気があるかというと、もちろんA子さんの方です。

A子さんは、いつも忙しそうですが、とにかく楽しそうなのです。一方、B子さんの方は夢があるといいながらも、毎日がつまらなさそうに見えます。

夢は行動に移してこそ、強く輝きます。心の中にただ置いておくだけで何もしないでいると、そのうち色あせて、小さくしぼんでしまうのです。

夢を持つ気持ちは伝染する

あのイチロー選手や松井選手のプレイが人々に感動を与えたのは、彼らが長い間、必死の努力で夢を追いかけ続けていたからです。

夢を叶えるために行動している人を見たり、話を聞いたりすると、「私も夢を追いかけてみよう」という気持ちになります。

また、夢がある人に出会うと、多くの人は自分の夢のことを語りたくなります。そして、自分の夢について語ると、人は幸せな気分になります。

そして、その人の心にプラスのエネルギーを一気に増やします。

ですから、夢のある人に会うと人々は元気が出て、その人に「また会いたい」と思うのでしょう。

テレビや雑誌でよく、他人から「無理」と思われるような大きな夢を追いかけて、大成功した人の特集が組まれます。

そのような情報が多くの人に喜ばれるのは、他人の夢を追いかける姿勢が、それを見た人の心にプラスのエネルギーを送り込み、心を熱くするからです。

幕末の頃、吉田松陰は「この日本を何とかしたい」という夢を持ちました。すると、その夢に刺激されて、高杉晋作もまた、「この日本を何とかしたい」という夢を抱くようになりました。

高杉晋作は大きな目標に向かって突っ走る吉田松陰と出会ったことで、自分自身の人生の目標と生きがいを得たことになります。

つまり、夢を持つという気持ちは、他人にも伝染することがあるということです。叶うか叶わないかは、関係ありません。考えただけでワクワクする夢を持って、毎日を過ごしましょう。

夢を持つ人の心からはプラスのエネルギーがあふれ出し、周囲の人まで元気にするのです。

密度の濃い時間を過ごしている

夢を持つと、忙しくなります。夢に向かってやることが増えるからです。

しかし、面白いことに、夢に向かって忙しい毎日を送っている人は、あまり疲れません。それどころか、夢というプラスのエネルギーがいつも胸の中で輝いているので、表情がイキイキとしています。

あるハワイアンダンサーを目指す女性が、こんなことを言っていました。

「昼間は働いて、夜と週末はダンスの練習ですから、遊ぶヒマなんて全然ありません。でも、好きなことで忙しいのですから、幸せです。時間をもてあましてゴロゴロしていたときよりずっと、毎日が充実しています」

彼女はダンスをはじめてから、顔に花が咲いたようにパッと表情が明るくなりました。

ステキになった彼女を見て、「私もダンスをはじめたい」と言って同じ教室に入った仲間が何人もいるほどです。

ダンサーを目指す彼女は、こんなことも言っていました。

「忙しくしていると、モヤモヤと悩む時間がもったいなく感じます」

そのため、彼女はダンサーになるという夢を持ってから、性格が前向きになったそうです。

人は目標がないと、ダラダラとテレビを見たり、ゴロゴロと寝ているような時間が多くなります。すると、心がマイナスの状態になりやすいため、表情にも張りがなくなります。

そんな人に「また会いたい」と思う人はいないでしょう。

一方、夢に向かって忙しく、密度の濃い時間を過ごしている人は、体中からプラスのエネルギーが発散されています。その結果、人々はエネルギーをもらおうと夢を持っている人に近づいてくるのです。

夢を現実に落とし込んで行動に移している人だけが尊敬される

「足が地に着かない」という言葉を聞いたことがあるでしょう。

興奮して落ち着かないとか、フワフワした考えをしていたり、行動がしっかりしていない、という意味で使われています。

夢を持ちはじめた人で、時々「足が地に着かない」人を見かけることがあります。

夢を持つと、急に考え方がプラスになります。

そのため、気分が高ぶって、「自分は何でもできる」と思い込んでしまったり、中には、イヤな仕事を突然辞めたり、といった周りの人がビックリするような行動を取る人もいます。

確かに、プラス思考になることは、とてもいいことです。しかし、考えが混乱したままドンドン行動を起こすのは、プラス思考を間違えています。

異常なまでにハイテンションなのは、周りの人にも迷惑をかけます。

そのことに気づかずにいると、大きな失敗をしてしまったり、誰にも相手にされなくなったりして、つらく悲しい思いをしてしまいます。

夢は素晴らしいものです。しかし、夢は私たちを遠くにある夢の世界へ連れて行ってくれる魔法の杖ではありません。

ギタリストになりたいなら、毎日ギターの練習をする必要があります。ギターのCDを聴いて、「ギタリストになれたらいいなあ」と妄想を膨らませるだけでは、単なる「夢見がちな人」で終わってしまいます。

夢を叶えるためには、フワフワとイメージの世界を生きるのではなく、現実の世界をしっかりと生きていく必要があります。

夢見がちな人と、夢に向かって生きている人は違います。

夢を現実に落とし込んで、実際に行動に移している人だけが、周囲の人に尊敬され、「私もあの人みたいになりたい」と人々に元気を与えるのです。

多くの人をハッピーにする夢が理想的

夢にも色々な種類の夢があります。

人を幸せにするのは、誰も不幸にしない夢です。

「あの二人が早く別れればいいのに…」

「ライバルの会社がつぶれて、お得意様がうちの会社のお客さんになってくれますように」

そのように、誰かの不幸を願う夢は、その人の心にプラスのエネルギーを生みません。そのため、その人自身を幸せにしないだけでなく、周囲の人にもマイナスの印象を与えます。

「あの人に会ってみたい」

と言われるような人の夢は、誰かの不幸を願ったり、誰かが苦しまないと叶わないものだったりすることはありません。

今、夢がなくて、これから夢を持とうとするのなら、その夢は誰かを犠牲にすることなく、自分自身はもちろん、できるだけ多くの人をハッピーにするようなものだと理想的です。

「ケーキ教室に通って、大好きなケーキやデザートを自分で作れるようになりたい。そうしたら、職場にも持っていってみんなに食べてもらおう」

そんなたくさんの人を喜ばせる夢なら、想像するだけで心にはプラスのエネルギーがどんどんわいてきます。

ただし、注意したいのは、「他人のためになること」を優先しすぎて、自分のやりたいことをおろそかにしないということです。あくまでも自分の心が望んでいることを夢の中心に置くことが大切です。

義務感や責任感よりも、「好き」や「やってみたい」という気持ちの方が、プラスのエネルギーは強く、その人自身をハッピーにするからです。

第2章

「自分に自信を持っている」

いつも心が安定している

自信とは、一言で言えば、

「自分の未来は明るい」

「私は幸せになれる」

「自分なら大丈夫」

といった、自分自身の可能性を信じる気持ちです。

自信を持っている人は、何かマイナスの出来事があっても、心の奥にある自分への信頼感がすぐにそれを打ち消すため、心が一気にマイナスに傾くことはありません。

そのため、いつ会っても大きく落ち込んでいたり、不機嫌だったりすることなく、上機嫌な顔をしています。

いつも心が安定している人は、一緒にいてラクです。

「今日、あの人の機嫌はどうかな?」

なんて考えずに声をかけることができるので、気軽に話しかけたくなります。

自分に自信を持てない人が、自信を持つようにするための第一歩が、自分の心の声を聴くということです。

面白いことに、多くの人は自分の心が本当に求めていることに気づいていなかったり、気づいても無視したりしています。自分のことより、仕事や友人を優先したほうがいいと勘違いしているからです。

しかし、そんな冷たい態度を自分自身にとっていると、いつまでたっても自分のことを好きになれず、自信を持つこともできません。

自分の心の声に耳を傾けましょう。そして、できることからそれに応えていきましょう。すると、だんだんと自分のことが好きになってきます。

自分のことを好きになるのは、自信を持つための第一歩です。

自分を責めない

自信がある人は、自分を許すことが上手です。

何か失敗をしても、「次に生かそう」と考えます。また、その失敗でクヨクヨと落ち込むこともありません。

次はうまくやれるという自信があるので、気にならないのです。

そのため、自分に自信がある人は、「打たれ強い人」「逆境に強い人」として評価されることがあります。

「いつでも前向きでステキ」と思われやすい人でもあります。

一方、「自分に自信が持てない」という人は、仕事で小さなミスが見つかったときには、「あのとき、私が書き間違えなかったら、ミスは起こらなかった。ダメな私」と責めます。

友だちとの待ち合わせに五分遅れてしまったときには、「電車を乗り遅れたばかりに待たせてしまった、私のバカ」と責めます。

そして、自分で自分を責めるたびに、心にはマイナスのエネルギーが増えるので、表情は曇り、オーラがどんよりしてきます。

自分を責めることは、自分をいじめているのと同じことです。

自分のことを好きな人は、自分を責めたりしません。失敗をしても、二度と繰り返さないようにするために、反省をするだけです。

よく勘違いされますが、反省することは、自分を責めることではありません。

自分を責める罪悪感を持つと、心に大きなマイナスのエネルギーが発生します。そのため、周りの人は、自分を責める人をみて、いい気分にはなりません。マイナスのエネルギーを見せつけられているような感覚になり、「この人とは会いたくないな」と思ってしまいます。


自信を持つのに、根拠はいりません。ただ、「自分なら大丈夫」と強く信じるだけでいいのです。それだけで、心にはプラスのエネルギーが増えていきます。

一人の時間を楽しめる

自分に自信がある人は、人にあれこれと楽しませてもらおうと考えません。

「今、ヒマだからちょっと話を聞いてくれない？」

と夜中に友だちに電話をかけたり、恋人に、

「日曜日はどこに連れてってくれるの？」

と勝手なことを言ったりすることがありません。

どうしてかというと、自分に自信がある人は、自分のことが大好きで、一人でいても楽しめるので、わざわざ、他人をまきこんで「楽しませてもらおう」と考えないのです。

ですから、自分に自信のある人は、一人でいることを恐れません。

一人でレストランに行きたいと思えば、堂々と入っていくし、一人で旅行に出かけることにも抵抗がありません。

そんなキリッとした態度が、周囲の人からかっこよく見えることもあります。

一方、一人でいるのが苦手で、いつでもグチを言う話し相手を求めている人や、寂しがりやで常に誰かと一緒にいたいという人は、依存心が強いのです。

その人たちは自分に自信がないせいで、心がマイナスの状態になっています。

しかし、心がマイナスの状態でいると、そのままでいるのが苦しいので、誰かにグチを聞いてもらってマイナスのエネルギーを発散したり、反対に元気な人のプラスのエネルギーを吸い込んで自分がラクになろうと考えます。

そのため、その人たちと一緒に過ごした人は、マイナスのエネルギーを浴びたり、自分のプラスのエネルギーを吸い取られたりして、あとでドッと疲れが出ます。

当然、そんな人と「また会いたい」と思う人はいないでしょう。

自信を持つと、他人の力を借りなくてもハッピーな時間を過ごせます。その自立した姿が、周囲には輝いてみえるのです。

幸せな恋愛をしている

幸せな恋愛をしている人は、プラスのエネルギーに満ちています。

とくに、自分に自信があるときの恋愛は、どんどん心にプラスのエネルギーが沸いてきて、その人を輝かせます。

「あんな恋がしてみたい」と周囲の人からうらやましがられることもあるでしょう。

一方、自分に自信がないとき、私たちは相手の愛情を信じられなくなります。そして、「私には魅力がないから、彼は浮気するかもしれない」というふうに、心は不安や嫉妬といったマイナスのエネルギーが増えてしまいます。

その結果、「自分だけが愛されたい」と一方的に愛を求めたり、相手の都合を考えず「会いたい」とわがままを言ってみたり、「私がいないとダメね」と尽くし過ぎたりして、大好きな人に逃げられてしまうのです。

また、自分に自信がないと、過去の恋愛にしがみついていたり、とうてい叶わないような片思いをしたり、収入やルックスだけで恋人を選んだり、寂しいから好きでもない人と付き合ったりという、「自分を痛めつけるような」恋を選びがちです。

自分に対する不信感が、心にマイナスのエネルギーを増やし、恋愛運をどんどん悪くしてしまうからです。

「私には愛される資格がある」

「私は幸せな恋ができる」

と自分に言い聞かせましょう。

心にプラスのエネルギーが増えた状態で恋をすると、お互いに成長し合える素晴らしい相手を選ぶことができます。

そんなステキな恋をしているとオーラが輝き、人々に元気を与えることができるでしょう。

夢中になれる趣味を持っている

ある大学教授の話をしましょう。

彼は大学で教えるだけでなく、雑誌や本の執筆、講演、ニュース番組の出演などで、一日に一二時間以上働くこともあるそうです。

しかし、忙しい仕事の合間にも、趣味の時間を必ず取るようにしているといいます。

しかも、ひとつだけでなく、何十もの趣味をかけもちしているのです。

おもちゃのコレクションから、カメラまで、その範囲は広大です。

その教授は、

「夢中になれるものばかりだから、疲れるどころか元気が出るよ」

と、若い人にも、多趣味をすすめています。

教授はいつも話題が豊富で周囲の人に元気を与えるので、「また会いたい」と多くの誘いが舞い込みます。

この教授のように、自分が大好きなことを夢中でしていると、自分の心にプラスのエネルギーがどんどん増えます。

また、自分の好きなことをする時間を増やすと、自分のことをどんどん好きになって自信も湧いています。

さらに言えば、趣味が多いと会話の幅も広がりますし、人脈も増えます。

ですから、「また会いたい」と思われる人になりたければ、大好きな趣味に取り組む時間を増やすというのは、いい方法です。

「仕事が忙しくて、趣味の時間なんて持てない」

「人からよく思われなければならない」

と、自分で自分を縛るのはやめましょう。

やりたいことを我慢していると、それを見ている、周りの人達にも苦しさが伝わります。やりたいことを思いきり楽しむその笑顔が、周囲の人にも魅力的にうつるのです。

マイナスの会話がなく、人に役立つ情報を与えてくれる

自分に自信を持つと、被害者意識を持ってイライラしたり、誰かをひがんだりすることがなくなります。

なぜなら、自分に自信がある人は、自分と同じように、周囲の人も自分のことを好きに違いないと思っているからです。誰かが自分の足を引っ張るとか、そんなことは考えもしないのです。

それに、自信のある人は、「次はきっとできる」と考えるため、失敗しても、チャレンジをあきらめることがありません。

「あの人があんなことを言ったから失敗した」と言っているヒマがあったら、もう次の手を考えているのが、自信のある人のやり方なのです。

「彼女のせいでボクは不幸になった」

「あの人がいなければ生きていけない」

と言っている人たちは、「私は自分の力で幸せになれない」と言っているのと同じです。

そんな人たちに魅力を感じる人は少ないでしょう。

自信のある人は被害者意識がないため、会社のグチや他人の悪口を言うことがありません。そのため、自信がある人と話していると、心にマイナスのエネルギーが増えることがありません。

自信がある人は、他人と自分を比較してどっちが上とか下とかいうことに興味がありません。ですから、ライバルのことも、いいと思えばほめることができます。

また、自信のある人は情報をあげたら自分が出し抜かれるというようなひがみ根性を持っていないため、他人に対して役立つ情報を惜しげもなく与えることがあります。

つまり、自信のある人と一緒にいると、マイナスの会話がなく、周囲の人に役立つ情報を与えてくれるので、楽しく有意義な時間になりやすいのです。

余裕のある態度が周囲を安心させる

自信のある人は、心に余裕があるような印象を周囲に与えます。

人から何か言われてアタフタしたり、予定外のことが起きてあわてたりすることは、自信のある人には似合いません。

その余裕のある態度が、周囲を安心させ、人から好かれる要因につながります。

自信のある人になるために、いい方法があります。

それは、時間に余裕を持って行動することです。

朝いつもより三〇分早く起きて、丁寧にお化粧をすると、キレイな自分が自信になって、その日一日を機嫌よく過ごせます。「今日の私、メイクが変じゃないかしら…」と人に会うたびに不安になることもありません。

会社に少し早く着いて、その日の予定を書き出しておくことで、落ち着いて仕事に取り掛かることができます。やることを忘れていて、あとで焦ることはありません。

また、上司とのコミュニケーションや重要な会議の前なども、時間に余裕を持って準備しておくことで、落ち着いて本番にのぞめます。

あるOLの女性は、出社時間ギリギリに会社に飛び込む生活を反省して、あるときから三〇分早く出社する生活をはじめました。

そして、その日一日の仕事の準備をサッと確認し、手をつけられるところは手をつけてしまうようにしました。

すると仕事が以前よりスムーズに進むようになり、職場での自分に自信が持てるようになりました。その頃から、彼女の会社での人気はグングン上がっていったのです。

そのように、意識的に早め早めに行動すると、いつでも心に「ちょっとした余裕」を持てるようになります。すると、自然に生活の中での成功体験が増えて、自分に自信が持てるようになるのです。

極度のアガリ症の彼女が人気講師として活躍するまでに

「人見知りする性格なので、営業の仕事はできない」などと、向き不向きを性格のせいにして、最初からチャレンジすることをあきらめている人がいます。

性格は、生まれつきのものだから、変えられないという人もいますが、そんなことはありません。

高校生向けの塾の講師をしている女性の話をしましょう。

彼女は人前に出て話をしながら、勉強を教えるのが仕事です。時には、数百人もの前に立ち、講演をすることもあります。

現在の輝く様子からは想像もできませんが、彼女はこの仕事に就くまでは、極度のアガリ症でした。

しかし、それを何とか克服したいという強い意志を持ち合わせていました。

そして、自分を追い込むために、わざわざ人前に立つ仕事を選びました。

はじめは、塾の経営者から「君には、できるはずがない」と反対され、入社も断られました。

しかし、どうしてもという彼女の熱意に負け、経営者が直々にレクチャーしてくれることになりました。

そこからの彼女のガッツはすさまじいものでした。寝る間も惜しんで、大きな声で話す練習を繰り返しました。その結果、押しも押されもせぬ人気講師として活躍するまでになりました。

彼女が、「アガリ症だから、人前で話すことはできない」と、逃げていたら、絶対に起こらない奇跡です。

この経験は彼女に「やればできる」という自信を与えてくれました。その自信のせいか、授業中の彼女はとてもイキイキとしていて、人に元気を与え、生徒からの人気も抜群です。

許すことで心の平穏が保てる

イヤなことをされたら、誰でも、怒ったり、恨んだりするものです。

それ自体は、当然のことでしょう。

しかし、「絶対に許せない」と、怒りや悔しさをずっと抱えているとしたら、その思いは、心に傷を与え続けることになります。

イヤなことをした人は、当然運気は下がりますが、イヤなことをされて、それが許せないでいる人も、運気はマイナスに傾いていくのです。

「そんな理不尽な」と思われるかもしれませんが、これは宇宙の法則なのです。

「人を呪わば、穴二つ」ということわざがあります。

この言葉は、災難をお祓いする陰陽師に由来するといわれ、他人に害を与えたときに、自分も同じような害を受けるだろう、という意味で使われます。

イヤなことを許せない人は、イヤなことをした相手に対して、怒りという仕返しで、害を与えていることになるのでしょう。

相手を許さないままでいると、マイナスの気持ちがエスカレートして、嫌がらせや復讐といった形で表にあらわれることもあります。

怒りの気持ちは、持っていても何の得にもなりません。

その気持ちは「美容の大敵」とも恐れられていて、免疫力が低下するという専門家もいるくらいです。

慈悲の心を持って、許すことを覚えましょう。イヤな人を許せた瞬間、あなたの心の中には癒しが訪れます。

「あんなに自分を苦しめた相手を許すことができた」という経験は、誰にでもできることではありません。そのため、許すことで、自分に自信が取り戻せることもあります。

許すことのできる人の心は、いつも穏やかでプラスのエネルギーに満ちています。
そんな人のところに、人は集まってくるものです。

体のケアを怠らない

東洋医学には、「心身一如」という言葉があります。

心と体は別々のものではなく、つながっているという意味で使われます。

つまり、体が元気なら心も元気でいられるし、心が元気なら体も元気でいられるということです。

若いときは、夜更かしや暴飲暴食で、多少無理をしても、体に疲れを感じることは少ないと思います。

しかし、ムリを続けると気づいたときには病気になっていた、という事態になりかねません。

アパレルの販売員をしているS子さんは、仕事が大好きで、ほとんど休みを取らずに働いていました。売上トップでお店の看板のような存在でしたが、あるときから、なんとなく気分のすぐれない日が続くようになりました。

「いつもより疲れる」と、同僚の人に弱音をはきつつも、お客さんにはいつもの笑顔で対応していましたが、売上はダウンしていきました。

ある日、とうとう倒れて、病院に担ぎこまれてしまいました。

そこで、婦人科関係の病気にかかっていることが判明しました。

幸い、軽い症状で済みましたが、「これからは、きちんと休みを取って、体のケアの時間をつくろう」と心に決めたといいます。

いつも元気な人は、それだけで周囲にエネルギーを感じさせます。

会うたびに、「ここがイタイ、あそこが悪い」と言っている人より、いつも調子がよさそうな人の方が、人から好かれるのは当然です。

体力が低下すると、自分に対する自信も低下します。弱気になると、いろいろなことがうまくいかなくなって、ますます落ち込みます。

まずは、健康な自分でいるために、生活習慣を整えましょう。

自分の価値観を大切にする

自信をつけるには、何をやりたいのか、どんな生き方をしたいのか、何が好きで何が嫌いか、というような自分自身の価値観をしっかりと知る必要があります。

それがないと、楽そうなこと、かっこよさそうなことへと流されたり、他人の目ばかり気にして生きることになり、苦労します。

自分の価値観ではなく、世間の流行や他人の価値観を基準にして生きていると、ルールが常に変わるため、それに合わせていかなくてはならないので、疲れてしまうのです。

また、自分に自信がないと、

「他人にすごいと思われたい」

という自己顕示欲が強くなります。

この感情がエスカレートすると、他人からよく思われることに一生懸命になったり、自分をごまかして、偉い人の前だけいい顔をしたりといった状況に陥りがちです。

それは、一見「いい人」のように見えますが、「いい人」を演じているだけのことなのです。

しかし、人は他人の目ばかりでなく、自分に正直に生きている人に惹かれて、そんな人に「会ってみたい」と思うのです。

自分の価値観に照らし合わせて、物事を考えられる人は、心の中に一本、しっかりとした軸が通っています。

その軸が、その人の言動に一貫性を与え、周囲の人の信頼を集めることになります。

世の中や他人の価値観を気にして、自分を見失わないようにしましょう。

自分の価値観を知り、それに沿って生きるうち、その人らしさはどんどん強まり、輝きも増していくのです。

できないことに落ち込まず、できることを自慢しない

自分と他人を比べては、落ち込んだり、嫉妬をしたりするクセがある人は、みずから自信というプラスパワーを消耗させています。

「Tさんは、営業でバリバリ働いているけど、私は事務しかできない」

「Sさんは、スキーもスノーボードもできるけど、私はスポーツは全くダメ」

といった具合に、最後は自分のあら探しをして終わります。

他人のことを、素直にステキと思えるその心は素晴らしいです。

しかし、自分のあら探しをしている人は、自分を大切に扱っていません。

そして、自分のできないところばかり見て、心の中をマイナス感情でいっぱいにして、イヤな出来事を引き寄せているのです。

どんなに元気で魅力的な人でも、できることとできないことがあるものです。

学校でも全科目得意な人は、ほとんどいません。

得意な科目、苦手な科目、両方あるのが普通です。

他人と比べて、自分のあら探しをする人は、自分の苦手科目と相手の得意科目を比べているようなものです。

しかも、その点数は自分が勝手に決めたものに過ぎないのです。

もしかしたら、Tさんは事務を完璧にこなせる人を羨ましいと思っているかもしれません。

Sさんは、読書好きで、もの静かな人に憧れているかもしれません。

つまりは、周りの人も「自分に欠けたところを持っている魅力的な人」として、人を見ている可能性だってあるのです。


いつ会っても元気な人は、できないことを自覚しても落ち込み過ぎず、できることを人に自慢しないから、魅力的なのです。

自分に自信を持てない人は、自分を見る角度が、マイナス方向にズレているか、少しピンボケしているだけなのです。

自分の持っているいいものに注目する

仏教に、「小欲知足」という言葉があります。欲を小さくすれば足るを知ることができる、つまり、今の状態に満足できるという意味です。

現在は、インターネットが普及しているので、いつでも、どんなときでも簡単に欲しい物を買えます。珍しいものも探せば手に入れられます。

しかし、そうして簡単な方法で買ったものは、うれしさが長続きせずに、すぐに飽きてしまいます。

簡単に手に入ったものは、苦労して入手したものよりも、買えたときの達成感や満足感が少なくなるからです。

「これを買ったばかりだけど、また何か買いたい」という欲求不満の渦に巻き込まれると、心の中はマイナス感情で満たされます。欲が大きいほど、苦しさに首をしめられるのです。

自分に自信のない人は、実は、この欲求不満と同じ状態といえます。

「自分の○○が足りない」「もっとこうなったらいいのに」と、高い望みを持ちすぎるあまり、不満が大きくなります。

そういう人は、周りから見ると充分ステキな人なのに、「何でこれくらいのことが私にはできないの?」と、自分を叱ります。当然、心の中はマイナスのエネルギーで一杯です。

周りの人たちも、そんな完璧主義の人を見ると、「堅苦しい人だ」と思い、かえって敬遠することになります。

本当の豊かさとは、「どれだけ多くのものを持っているか」ではなく、「どれだけ少ないものを生かせるか」にかかっています。


自分の足りないところではなく、自分の持っているいいものに注目しましょう。「私のここがステキ」と思うだけで、心にはプラスのエネルギーが湧いて、その人の印象を明るく変えます。そして、人に元気を与えることができます。

誰に対しても同じ態度で接する

自分に自信がある人は、誰かに自分を引き上げてもらおうとか、誰かに楽しませてもらおうと考えません。

そのため、「この人と付き合っておけば得をしそうだ」とか、「この人はたいした価値がなさそうだ」というふうに、他人を値踏みしません。

誰に対しても同じ態度で接するのです。

そんな公平な態度は、

「あの人は偉い人なのに、誰にでも優しい」

「昔に比べて随分と出世したみたいなのに、全然いばらず、気さくに接してくれる」

というふうに、多くの人に好感を抱かせることになります。

一方、自分より目上の人や憧れている人の前だと、ペコペコとお辞儀をして、腰を低くしているのに、年下の人や自分より劣っているような人の前だと、平然といばる人がいます。

そういう人は、自分の力でなりたい未来を手に入れる自信がないので、他人の力で得をしようと考えるため、相手の肩書きや収入などにこだわるのです。

しかし、そういう人を見て、周りの人は、

「相手によって態度を変えるなんて、イヤな感じ」

と思うため、人から好かれることはありません。

誰と付き合うかによって、その人の価値が決まるということはありません。

大切なのは、その人自身がどんな生き方をしているかです。

「自分はこの生き方でいい」という自信があれば、世間の評価など関係なく、自分の基準で人付き合いができます。

その自然な生き方が、周囲にはステキに映ります。

第3章
「楽天的にものを考える」

運がいいと信じている

世の中には、運のいい人と運の悪い人がいます。

運のいい人は、いつも元気で、プラスのパワーにあふれています。何をやっても上手くいって、楽しい仲間がたくさんいます。

一方、運の悪い人は、元気がなく、消極的です。何をやっても失敗ばかりで、友だちと集まればグチを言い合っています。

その違いの原因は、ひとつの考え方にあります。

具体的にいうと、「自分は運がいいと信じているか、信じていないか」ということです。

なんとなく日常をやり過ごしている人は、心の奥底で「私の人生ってこんなもの」とか「平凡なことしか起こらない」と思っていて、自分の運がいいということを信じていません。

そのマイナスの思い込みが、心の状態をマイナスにして、本当に悪い運気を運んできてしまうのです。

一方、運のいい人は、いやなことがあっても「大丈夫、私は運がいいからそんなにひどいことにはならないだろう」というふうに、物事を楽観的に捉えて、気持ちを落ち着かせることができます。

そのため、心がひどくマイナスになることはありません。

楽観的に物事をとらえるたび、心にはプラスのエネルギーが増えるので、次第に運がいい人たちは本当の幸運を引き寄せられるようになります。

「信じるものは救われる」という、有名な聖書の言葉の通り、どんな人でも、信じることができれば、運がよくなる可能性があるということです。

誰だって、運が悪い人より、運がいい人と会いたいと思うし、一緒に過ごしたいと思うものです。

楽観的になることで、「あの人に会いたい」人間になれるのです。

「この結果で、とりあえずよかったんだ」と納得してみる

楽天的な人の持つ大きな特徴に、立ち直りが早いということがあります。

何かうまくいかないことがあったとき、ずっと落ち込んだり悔やんだりしていると、心の中にマイナスのエネルギーが増えていってしまいます。

すると、表情は暗くなり、話す言葉もグチや後悔など、マイナスな言葉が増えてしまいます。

それでは、周囲の人を元気づけるどころか、「この人といると気が滅入る」と言われてしまうでしょう。

自分は気持ちの切り替えがうまくないという人は、期待以上の結果が出なかったとき、まずはこうつぶやいてみてください。

「この結果で、よかったんだ」

本心ではそう思えなくても、口に出して言ってみることがポイントです。

するとき、脳は「そうか。これでよかったんだ」と自分を納得させようとします。それと同時に、「よかった」と思える根拠を探そうとするのです。

たとえば、昇進試験に落ちてしまったとき、「これでよかった」と言ってみることで、脳は次のような理由を見つけてくれるかもしれません。

「朝早くから夜遅くまで仕事ばかりになったら、体を壊してしまうかもしれない。今のままの無理のないペースで働くほうが長い目で見れば正解だ」

「今年受かっても、短期間の詰め込みで頭に入れた知識はすぐに消えてしまうだろう。あと一年勉強して、本当の知識を身に付けたほうが将来のためになる」

すると、落ち込んでいた気持ちも薄らいできます。

心にあふれていたマイナスのエネルギーも、前向きな気持ちが生まれると同時に、プラスのエネルギーに変わっていきます。

このように、意識的にでも楽天的な思考を身につけると、生活の中で落ち込む時間が少なくなり、周囲に与える印象もプラスに変わってきます。

こだわりが少ない

最近、街や雑誌で「こだわりのコーヒー」「こだわりのファッション」といった宣伝をよく見かけます。たいていの人は、「かっこいい」「オリジナル」「特別」というプラスのイメージを持ちます。

しかし、本来「こだわり」という言葉には、「些細なことにとらわれる」「執着する」といったマイナスの意味があるのです。

仏教でも「こだわりをなくす」ことが説かれているお経があるくらいです。

確かに、さりげなくこだわりのある人を見かけると、「ステキな人だな」と憧れ、胸がときめきます。しかし、こだわりが強すぎると、「どうしてもこれでなくてはダメ」と特定のものに執着してしまいます。

そして、自分の思い通りにいかないとイライラしたり、落ち込んでしまったりと、感情の揺れが激しくなり、周りの人に気を使わせます。

たとえば、「体には野菜がいいから、たくさん食べよう」と、テレビで専門家が言っていたのを見て、真似をしたとしましょう。

少しだけこだわる人は、ランチに野菜弁当を食べたり、時々自炊して野菜の料理をつくったりして、ワイワイと楽しんでいます。

しかし、こだわりが強い人は、「野菜しか食べてはいけない」と気合をいれ、肉を食べることに罪悪感を持ったりする人さえいます。

そういう人の心にはマイナスのエネルギーが増えやすいため、一緒にいる人は、リラックスできません。

「道にこだわりすぎるものは、かえって道を見失う」

と、小説家の安部公房《あべこうぼう》も言いました。

こだわるのもいいですが、いつでも「ちょっとくらいなら、ま、いいか」と思えるような楽観的な気持ちを持ちましょう。そのバランスを失うと、付き合いにくい人と思われてしまいます。

謙虚になると自分自身も優しくなれる

楽天的に物事を考える人は、性善説でものを考えます。

そのため、人付き合いでも疑心暗鬼になって相手を試すようなことをしたり、悪いウワサを信じて付き合いの幅を狭めたりするようなことがありません。

他人のいいところに注目して、

「自分の周りはいい人ばかりでありがたいなあ」

「この人もきっといい人に違いない」

という考え方で人と接します。

そのため、他人に対していばることがなく、周囲からは「謙虚な人」と見られます。

普通、謙虚な姿勢を持つことは、そう簡単なことではありません。

「誰からもバカにされたくない」

「先に謝ったら負けだ」

といったような気持ちが、どうしてもジャマしてしまうからです。

しかし、謙虚さに欠けると、人から嫌われ、信頼を失います。そうなれば、相手を元気にするどころか、人を疲れさせる存在になるだけです。

謙虚さに欠けると、自分は偉いと思い込み、成長が止まってしまいます。

そんなときは、周囲の人のいいところだけを取り出して、そこを虫眼鏡で拡大するような気持ちで見ると、周りの人はみんな「いい人」になります。

いい人だと思えれば、張り合ったり、見栄を張ったりする必要はなくなります。

それで損をすることはありません。

こちらが謙虚な姿勢で相手を頭から信頼してしまうことで、相手もくだらないライバル意識を捨てるからです。

謙虚になると、周囲の人がみんな優しく見えます。そして、自分自身も優しくなれるので、人からも好かれるのです。

短所も弱点も見方を変えればステキな個性

周囲に嫌いな人が多いという人は、ストレスがたまりやすく、心もマイナスの状態に偏りがちです。

それに、嫌いな人が多いと悪口やグチが多くなるので、周りの人からもいい印象を持たれません。

それに対し、楽天的な考え方ができる人は、人の短所もいいように解釈するため、嫌いな人がいません。

例えば、「短気」で「怒りっぽい」人を見るとき、「あの人は人よりも早く熱くなれる」「人の行動を黙ってみていられない情熱的な人」というふうに受け止めるという具合です。

他人に何かいやなことをされたときでさえ、「私のためを思って厳しいことを言ってくれた」というように考えるので、楽天的な人たちの口から悪口やグチが出ることはあまりありません。

人を見るとき、一般的な価値観で長所や短所を捉えると、いつまでたっても短所は短所でしかありません。しかし、見方を変えてみることで短所を長所に変えることができるし、長所をさらに伸ばすこともできます。

これは、他人に対してだけではありません。楽天的な人は、自分自身に何か弱点がある場合も、そこにとらわれず、前向きにとらえることができます。

ある税理士の女性は離婚歴があるのですが、彼女は楽天的なので、そのことをハンディに感じてはいません。「離婚して人の痛みがわかる人間になれたから良かった」と言っています。

そんな彼女の心の中はいつもプラスのエネルギーで溢れているため、人から好かれ、男性からもモテモテです。

短所も弱点も、見方を変えればステキな個性です。そんな楽天的な考え方が、自分も周囲の人も明るくします。

トラブルがあっても動揺しない

楽天的な人は、普段はおおらかな雰囲気をかもし出しています。それは、仕事でトラブルが起きたときなど、いわゆるピンチのときも同じです。

悲観的な人は、焦ったときに「急がなきゃ」「何とかしないと」と思います。

彼らは「このミスが大きな失敗につながったらどうしよう」「上司に怒られるかもしれない」というように、マイナスの出来事があると悪いことばかり考えてしまうため、心は一種のパニック状態になります。

そして、パニック状態になると、脳が正しく動かなくなるので、さらなる判断ミスを起こしやすいのです。

楽観的な人というのは、ミスをしても、「必ず、なんとかなる」「これも意味があって起きたこと」というふうに考えます。

ですから、冷静な気持ちでトラブルの解決をはかることができます。

ある女性経営者は「トラブルを乗り越えると、またひとつ成長できる」と、キラキラ目を輝かせながら言っていました。彼女の元で働く社員は、「トラブルは厄介事ではなく、新しい体験をするチャンス」と教わっているため、トラブルを恐れずにどんどん新しいことにチャレンジして、売上げを上げています。

「私は何かあるとすぐ悲観的になって焦ってしまう」という人のために、焦りを少なくする方法を教えます。

それは、お腹の下あたり（丹田）に手をあてて、ゆっくり呼吸をすることです。

焦ると、息が浅くなり、呼吸が早くなってしまいます。

意識して深呼吸を繰り返すと、落ち着きが戻ってきます。

体と心はつながっているため、この呼吸を繰り返すことで体が落ち着くと、心も少しずつ冷静さを取り戻し、「大丈夫」と思えるようになります。

トラブルがあったときほど、その人の人間性が出ます。そして、トラブルにも動じない落ち着いた姿は、周囲には魅力的に映るのです。

失敗をプラスに転じることができる

「日本人は、失敗ということを恐れすぎるようである」

「チャレンジして失敗することを恐れるよりも、何もしないことを恐れろ」

と言ったのは、オートバイで会社を発展させた本田宗一郎氏です。

誰にとっても、失敗はイヤなものです。

失敗をすると、「自分はなんてダメなんだろう」と自己嫌悪になり、「最初から何もしなければよかった」と後悔します。

しかし、楽天的に考える人は、ひと味違います。

「このやり方では、うまくいかなかっただけだ」

「失敗の原因をつきとめて、今度こそ成功させよう」

「簡単に成功するより、かえって、よかったのかもしれない」

など、失敗することをプラスの出来事として方向付けてしまうのです。

楽天的な人はちょっと強引にでも、自分の都合のいいように解釈してしまう才能があります。

失恋したとき、「あの人が最愛の人だったのに、もうあんな人は二度と現われない」と悲観的になる人と、「これで運命の人が現れる」と考える人がいます。この二人を比べると、次はもっといい出会いをすると考えた人の方が、早く次の恋に出会えるようです。

失敗をプラスに転じることができると、何度でもチャレンジすることができるため、最終的には目指す場所にたどりつける可能性が高まります。

大きな成功を手にするためには、楽観的であることが欠かせないともいえるでしょう。そして、うまくいかないときも、常に前を向いて進んでいるポジティブな人に会うと、人は勇気と元気をもらうのです。

プレッシャーをバネにする

楽天思考の人は、プレッシャーに強いという特徴があります。

たとえば、活躍している美しい女優さんが、いつも輝いている存在でいられるのは、実はプレッシャーが大きいからだといわれています。

というのも、映画やドラマがヒットしたら、周りの人は人気者扱いをし、「あの人なら、またやってくれるだろう」と期待に胸をふくらませます。

時には、自分の能力以上のことを期待されることもあります。

周囲の期待が大きければ大きいほど、プレッシャーは重くなります。

それでも彼女たちは、「信頼してくれている、周りの人のためにがんばろう」とプレッシャーをバネに、やる気を持ち続けることができるのです。

その姿を見た周りの人たちも「彼女のためにがんばろう」とサポートするのです。

そして、お互いのプラスパワーが相乗効果となり、一人では到底実現できないこともできてしまうのです。

この場合、その女優さんはプレッシャーをプラスのパワーとして使っています。

しかし、プレッシャーをマイナスのパワーとして扱うと、どんどん気持ちが重くなり、たちまち押しつぶされてしまいます。

「自分にはこんなことできるはずがない」「失敗して、みんなに迷惑をかけることになるなら、断ってしまったほうがラク」

そんな考えが湧いてくるので、心はマイナスのエネルギーで一杯になります。そして、そんな状態で恐る恐るやったことは、当然、うまくいきません。

楽天思考の人は、「やれるだけやってみよう」「それでもムリなら仲間に相談して何とかしよう」と考えるため、初めての挑戦を前にしても、心はプラスのエネルギーで溢れ、いい結果を引き寄せます。

そして、チャレンジを前にしても堂々としているその姿勢は、周りの人にもステキに見えるのです。

正直に生きる

「ウソをついてはいけません」と、私たちは子供の頃に習いました。

しかし、生活していく上で、これまで一度もウソをついたことがないという人はほとんどいないと思います。

というのも、ウソにはいろいろな種類があり、相手をかばってついたウソや、結果としてウソになってしまうこともあるからです。

それでも、なるべくウソはつかないに越したことはありません。

なぜ、ウソをつくことがいけないかというと、相手を傷つけるからという理由もありますが、実は自分にとってもマイナスになるからなのです。

たとえば、他人によく思われたいためのウソがその代表例です。

外国に行ったことがないのに、「アメリカへ旅行した」とウソをついたとします。

友だちは、「へえ、すごいね」と尊敬の眼差しを向けてくれますが、今さら「ウソです」とは言いづらくなります。

それで、「ニューヨークは都会だった」などと、さらにウソを重ねてしまいます。

そのうち、他の友だちから「ニューヨークの美味しいレストランを教えてほしい」と言われてしまい、言葉が返せなくなってしまいます。

ウソは、ばれると恥ずかしいばかりか、「ウソつき」のレッテルを貼られて、信用を失ってしまいます。

楽天的な人は、ウソをついて自分を大きく見せなくても、自分は魅力的だと信じています。そのため、楽天的な人は正直です。

ウソは一時的に自分の身を守ることができるかもしれませんが、ウソで取りつくろっても、いずれメッキははがれます。

正直に生きる。それだけで、周囲からは「信頼できる人」という人望が集まってきます。

上手に甘えることができる

楽天的な人というのは、一言で言うと「ムリをしていない」という雰囲気がありま
す。

そのノビノビとした雰囲気が、周囲の人にまぶしく映ることもあります。

彼らは、日頃、自分に厳しく生きている人たちからすると、「そんなことしてはいけない」と思うようなことも、自然にできてしまいます。

例えば、楽天的な人が得意とすることに、「他人に甘える」というところがあります。

まじめで、何でもできる器用な人ほど、他人に甘えることができません。

でも、大人になっても、子どもの頃のように甘えたくなるときもあるはずです。

特に、忙しすぎて人手が足りないときや、つらく悲しいことがあったときなどは、誰かの力を借りたくなったりするものです。

悲観的な人は、「弱みを見せたら嫌われるかもしれない」と考えたり、「自分の問題は自分で処理しなくてはいけない」と、かたくなな気持ちになりがちです。

しかし、そういう人こそ、たまには他人に甘えてみることも必要です。

甘えることで自分が楽になり、しかも相手からも好意を持たれることもあります。

「力を貸してくれない？」と困ったときは素直に口にします。

もちろん、迷惑になるほど依存したり、一方的なお願いばかりぶつけたりするのはNGです。

甘えさせてもらったあとは、きちんと感謝の気持ちを伝え、逆に相手から何か頼まれたときは、喜んで助けてあげることも忘れてはいけません。

甘え下手で一人でがんばりすぎている人は、たまには素直に自分の気持ちを表に出せるようにするとよいでしょう。そのほうが、人から好感を持たれやすいということもあるのです。

機嫌にムラがない

たいていの人は、いつ会っても機嫌のいい人が好きだと思います。

「とても忙しいらしい」「最近、不幸なことがあったらしい」と、周りの人がウワサをしていても、本人は何事もなかったかのようにニコニコしています。

そんな人が、周りに一人くらいはいるものです。

楽天的に考える人は、まさにこのタイプといえます。

逆に、会うたびに口をへの字に曲げて理由もなく不機嫌な人、グチばかり言う人、ほんの少しのことでイライラして不機嫌になってしまう人がいます。

本人に悪気はないかもしれませんが、周りは「困った人」だと思っているでしょう。

両者の違いは、自分の感情をコントロールできるかできないかにあります。

こう言うと、難しいことのように思われますが、私たちは、日々いろいろなことをコントロールしています。

たとえば、ダイエットもそうです。体重の管理であり、体調をいい方向にコントロールすることが成功のカギです。

食べすぎた翌朝は、朝食を軽くしたり、ウォーキングなど運動をたくさんすることを心がけます。急に痩せすぎると体調が悪くなることもあるので、毎日の食事は栄養を考えたメニューにします。

これと同じように、前日に仕事が忙しかったら、翌朝はゆっくりめに仕事をして、気持ちのかたよりをなくします。

不幸なことがあった直後には、思いっきり悲しみます。

そして、次の日にはサッと気持ちを切り替えて、明るい自分に戻るのです。

機嫌にムラがないということは、感情がないということではありません。

いつでもステキな自分でいるために、気持ちを上手に整理できる人、それがその人の魅力につながります。

イヤなことはすぐ忘れる

生きていると、自分の力では、到底解決できないような困ったことが起きることもあります。

特に、人間関係などはそうです。

相手に好かれるために、どんなに努力しても叶わないこともあります。

逆もしかりで、相手がどんなに自分に尽くしてくれても、受け入れられないこともあるでしょう。

そんなとき、楽天的な人は、すぐに忘れます。彼らは、

「落ち込んでいても、問題が解決するわけじゃない」

「悩んでいる時間がもったいない」

と考えるからです。

彼らは、人にされたイヤなことも、同じ理由で忘れることができます。

「相手を恨んだって、何もいいことがない。そんなことは時間のムダ」
と考えるのです。

あるＯＬの女性は、イヤなことがあると、カラオケで思い切り熱唱するといいます。一人で二時間くらい好きな歌ばかり歌うと、カラオケに来る前に、どんなに落ち込んでいても、帰る頃にはすっかり元気になるといいます。

職場の意地悪な上司にイヤミを言われた日も、仕事の帰りにカラオケに行くと、すっかり嫌な気分が消えてしまうといいます。

彼女はこのように、イヤなことが起きてもすぐ忘れてしまうので、グチや悪口を言うことがありません。

いつも笑顔でカラッとしている彼女を見て、周りの友人たちは元気をもらっています。そして、「彼女のようになりたい」と思うのです。

都合がいいように考える

楽天的な人は、物事を自分の都合のいいように考えます。

A子さんとB子さんという性格が正反対のOLがいました。二人は同じ部署で働いていました。

仕事が忙しくて何日も残業が続いたとき、二人はまったく違う受け止め方をしました。

楽天的なA子さんは、こう言いました。

「今日も忙しいね。こんな日は、家に帰って飲むビールが最高においしいのよ。さあ、一分でも早くおいしいビールを飲むために、がんばりましょう」

A子さんの席の近くにいた人たちは、A子さんの言葉を聞いて、

「ようし、早く終わらせて、おいしいビールを飲もう」

と元気が出てきました。

こんなふうにいつも楽天的なA子さんは、職場の人気者です。

一方、悲観的なB子さんは、こう言いました。

「もう、どうしてこんなに残業ばっかりしなくちゃいけないの？ 友だちの会社なんて、残業はないのに、給料はうちの会社より三万円も多いんですって。はあ、こんなんじゃ、やる気が出ないわ」

B子さんの席の近くにいた人たちは、B子さんの言葉を聞いて、ドッと疲れが出てきました。

当然、B子さんは職場での人気は高くありませんでした。

この二人は、同じ経験をしているのに、まったく違う受け止め方をしています。そして、その考え方の違いが、二人の人気に差をつけています。

どうせなら、A子さんのように、楽天的に受け止めるようにすると、周囲の人をハッピーにさせることができます。

迷ったときは快く感じる方を選ぶ

楽天思考の人がいつも明るいのは、無意識のうちに心にプラスのエネルギーが増えるような生き方をしているからです。

常に心がプラスのエネルギーで溢れているので、一緒にいる人もそのエネルギーを感じて元気になるのです。

常に心をプラスにするために、楽天的な人が実行していることがあります。

それは、迷ったときは心が「ワクワク」することを選ぶということです。

心がワクワクする道を選ぶと、実行するときに心がプラスの状態になるので、その結果、プラスの出来事を引き寄せやすくなります。

つまり、いい結果が出やすいのです。

反対に、「こっちの方が世間からはすごいと言われそう」とか、「こっちの方がお金が儲かりそう」というような理由で始めたことは、うまくいく確率が高くありません。

なぜなら、好きなことではないので、期待した結果が得られないと、あきらめてしまいやすいからです。そして、「面白くない」と思いながらやっていることは、心にマイナスのエネルギーがたまりやすいので、実際にあまりいい結果を出せないことが多いのです。

恋愛や結婚の相手を選ぶときも、相手の学歴や職業、収入、家柄、容姿容貌で判断するのではなく、一緒にいて楽しいかどうか、心からプラスのエネルギーが出ることを感じるかで決めたほうが、うまくいきます。

一番よくないのは、「断りきれなくて」とか、「占い師にそう言われたから」というように、自分の意思を無視して進む道を選ぶことです。

自分の心の状態を無視して、ハッピーになることはできません。

迷ったら、心がワクワクする方を選ぶということを意識するだけで、生活の中で楽しい気分になる時間が増えます。

楽天的な自分になるためには楽天的な人から学ぶ

悲観的な人は、当然、人に元気を与えることはできません。しかし、そんな人でも、楽天的な考え方を身につけるためのいい方法があります。

それは、何かに悩んだときには、楽天的な人でこれまでに成功してきた人に相談に乗ってもらうということです。

そういう人に相談に乗ってもらうと、前向きなアドバイスをくれます。

「大丈夫。あなたにできないはずがない。私にできることがあったら協力するから。がんばって！」

こんなふうに、プラスの言葉をちりばめて、自信を与えてくれるでしょう。

その考え方は、悲観的な人にとってとても新鮮なはずです。そして、その考え方から、自分も学ばせてもらいましょう。

「なるほど。楽天的な人は悩んだとき、こうやって考えるのか…」

というような、楽天的な人たちの考え方のクセのようなものが見えてきたら、それを、自分にも取り入れていきましょう。

メーカーに勤めるE子さんは、考えすぎてしまう性格で、小さなことでいつもクヨクヨしていました。そして、つらくなったときは、職場で一番明るいM子さんに話を聞いてもらっていました。M子さんはいつも、E子さんが悩みを打ち明けると、「私だったら、そんなこと気にしているヒマがあったら、面白そうな映画を観にいくよ。それがいい気分転換になるから」

というように、元気を出すための色々なヒントをくれました。

E子さんはそのうち、M子さんに相談しなくても、何かあるとすぐ、「M子さんだったらどうするだろう」と考えるようになりました。すると、自然に悩んでいる時間が少なくなり、それと同時に、周囲の人気もアップしました。

E子さんは、M子さんの楽天的な性格をまねることで、明るく変わったのです。

第4章

「プラスの言葉を使う」

肯定的な言葉を選んでいる

「あの人にまた会いたい」と思われる人と、「あの人に会うと、いつも疲れる」と思われる人には、見た目ではわからない、ほんのちょっとした違いがあります。

それは、会話のときに、肯定的な言葉を選んで、使っているかどうかです。

お花屋さんで働くA子さんは、まさに肯定的な言葉を選ぶ名人です。

毎朝、会社に行く途中に、お花を買っていくOLさんが、

「通勤時間に、急に雨が降ってきて、大変だったわ」

と、不満げにもらしました。その会話を聞いて、暑い日が続いていたので、

「昨日の夜からの暑さが和らいでよかったですよね」

と、ニコニコ顔で言いました。すると、OLさんはハッと気付いたように、

「そうよね。涼しくなってよかったわ」

と、曇っていた顔が変わりました。

そして、来たときより、足取り軽やかに会社へと向かったのです。

相手が、「大変だった」というマイナスの言葉を選んでも、A子さんはやんわりとプラスの言葉で返しました。

これこそが、相手に元気をプレゼントするコツです。

「よかった」以外の肯定的な言葉は、「ありがとう」「うれしい」「楽しい」「おいしい」「おめでとう」「大丈夫」「満足です」「キレイ」「いいね」など、たくさんあります。

反対に、否定的な言葉は、「嫌い」「別に」「悲しい」「まずい」「不安」「ダメ」「いけない」「恐い」などがあります。

グチや悪口、不平不満、批判、に代表される、暗い雰囲気のものばかりです。

肯定的な言葉を選んで使うと、自分が元気になるだけでなく、相手の心をプラスにすることもできるのです。

ハッキリとした声で話す

会話をしているときに、「聞き取りづらい」と言われたり、何度も聞き返されたなんて経験はありませんか？

いる場所が騒がしかった、という原因もあるかもしれませんが、もしかしたらぼそぼそと聞こえにくい小さな声で話していたからかもしれません。

ぼそぼそとした話し方は、相手にストレスを与えてしまいます。

聞き返す回数が多いと、会話の進みが遅くなってしまうからです。

そして、「やる気がないのかな」「本当は話したくないのだろうか」という印象を持たれてしまいます。

会社の受付嬢をしているK子さんは、語尾まで、はきはきとメリハリをつけて話す、と社内でも評判の人です。

やつれたような顔つきで来るお客さんも、K子さんの前に立つと、自然と背筋が伸びるといいます。

「K子さんのはきはきした声を聞くと、疲れが吹き飛びます」

と、帰る頃には、元気になっているというのです。

K子さんは言います。

「元々、ハキハキしたしゃべり方をするので、あまり意識をしたことがありません。でも、ぼそぼそ話すと、相手の方の元気がなくなる気がするので、しないようにしています」

話すときの言葉の調子を「語調」といいます。

同じ言葉を口にしていても、その人によって、あたたかみを感じたり、冷たく感じることがあるのは、語調に違いがあるのです。

語調には、無意識にその人の心がハッキリとあらわれます。

「ハッキリとした声」は、相手への思いやりといえます。

不器用な話し方でも、周りの人は好意を持ってくれるでしょう。

真剣に話を聴いてくれるだけで癒される

「聞く」と「聴く」の違いを知っていますか？

「聞く」は、聞こえてくるものを自然と耳がとらえることをいいます。

「パトカーのサイレンが聞こえた」のは、耳が音をとらえたからです。

それに対して、「聴く」は、その人に心を向け、耳をそばだてることをいいます。

「相談者の事情を聴いている」のは、その人に集中して耳を傾けることです。

話し相手をハッピーな気持ちにできる人は、「聴く」を使っています。

相手の心に寄り添って、じっくりと聴いているのです。

おしゃべり好きのある女性は、

「いつも、君ばかり話して、僕の話を全然聴いていない」

と彼氏に怒られていました。

そんなとき、友人のカウンセラーから、こんなアドバイスをもらいました。

「相手の言うことをさえぎらず、五分間、ただしっかりと耳を傾けて聴いてあげましょう」

その女性はすぐ実行してみたのですが、やってみると意外と難しいのです。

はじめは、話を聴いているつもりでも、上の空になったり、「こうしたらいいんじゃない？」と口をはさんでしまったりしました。

でも、意識的に聴くことを続けるうちに、今では、落ち着いて彼氏の話を聴けるようになりました。

すると、彼氏とのケンカがゼロになったそうです。

彼女は、気の効いた言葉も、的確なアドバイスもしていません。

ただ、相手に心を向けて、「うんうん」とうなずいていただけです。

実は、真剣に話を聴いてもらえるだけで、人は癒されるのです。

本来、心の中に備わっている気付きのパワーが開花されるのです。

相手の話を聴くだけで、プラスのコミュニケーションになるのです。

不幸話と自慢話はしない

周りの人を元気づける人が絶対に話題にしないことが二つあります。

一つ目は身の上の不幸話です。

M子さんは、友だちと海外旅行の計画を立てていたのに、直前に友だちが病気になってしまい、キャンセルになってしまいました。

「彼女が、もう少し体に気をつけていればこんなことにならなかったのに」

「せっかく、お仕事の休みを取ったのに、どうしてくれるのかしら」

などと、自分がいかにかわいそうで不運な目にあったかを話しました。

周りの人は、「友だちの病気が心配じゃないのかな」と疑いを持ちます。

そのグチを聴かされた人たちは、「M子さんと一緒に旅行はしたくない」と思うでしょう。

怒りをあらわにした不幸話は、周りの人から煙たがられるのです。

また、目立ちたいがための自慢話は、周りの人をしらけさせます。

T子さんは、美人でスタイルもよく、男性にモテモテでした。

「街を歩いていたら、若いサラリーマン風の男性から声をかけられた」

「飲み会に行ったら、メンバーの男の子がみんな私に夢中になってしまった。他の女友だちに悪いことしたわ」

などと、会う度に、鼻高々に「私はすごい」と言わんばかりに自慢話をします。

周りの友だちは、「へえ、すごいね」と合わせてくれる人もいるでしょうが、内心では「疲れるな」「うっとうしいな」と感じているでしょう。

自慢話は、他人から認められないと気が済まない、子どもっぽく自分勝手な印象を周囲に与えます。

いずれにしろ、必要以上に自分を被害者に見せる不幸話と、自分をよく見せる自慢話は、誰にもプラスにならないのです。

自分から明るくあいさつする

世の中が不景気でも、東京ディズニーランドの人気はまったくと言っていいほど衰えません。

その東京ディズニーランドの人気の秘訣のひとつが、キャスト（従業員）のあいさつにあると言われています。

ディズニーランドでは、キャストが自分たちから、

「こんにちは」「こんばんは」

と笑顔で来場者に声をかけます。

「いらっしゃいませ」

と言わないのは、親近感を持ってもらうためです。

また、ディズニーランドでは、清掃担当の従業員のルールとして、「通行中のゲストの安全を考慮し掃除中もかがまない」というものがあります。

立ち上がったときにお客さんとぶつかるのを防ぐためです。
混みあった園内でも、来場者たちが楽しくすごせるのは、このような従業員の思いやりや、「来場者に楽しんでもらいたい」という意識をあちこちで感じるからでしょう。

この例からもわかるように、自分から相手に声をかけるというのは、相手に喜んでもらうためのシンプルで効果的な方法です。

声をかけるといっても、凝ったことをする必要はありません。基本は、あいさつです。

「こんにちは」「こんばんは」「お世話になります」など、ありふれたあいさつひとつでも、明るく言うことで、周りの空気をプラスに変えることができます。

人に元気を与える人で、あいさつが苦手という人はいません。

相手に小さなハッピーを届けるつもりで、たまには自分からあいさつしてみるのもいいでしょう。

聞かれたくないことを感じ取る思いやりを持つ

他人のことをやたらと知りたがる人は、ウワサ話が好きなのでしょう。

そういう人はからかい半分に相手の心の中に踏み込んできて情報をつかむと、全てを知っているかのように、周りの人に言いふらしたりします。

そんな人は、周囲から「無神経な人」と思われ、距離を置かれることは間違いありません。

うわさ好きな人は、気になる人を質問攻めにするのも好きです。

「何年生まれなの?」「どこの大学出身?」などと、あれこれと詮索して、相手に不快感を与えることもあります。

どんなに幸せに生きている人でも、聞かれたくないこと、触れられてほしくないことはあるものです。

学歴、過去の不幸なできごと、自分の体の嫌いなところ、特に女性の場合は年齢や体重などがそうです。

会話の流れで相手が聞かれたくないことについて質問してしまったとします。すると、相手は沈黙したり、話題を変えたり、顔色が陰ったりするでしょう。

そんなときは、変に探ろうとしないで、「ごめんなさい」と素直に謝って、さりげなく話題を変えるようにしましょう。

そんな失敗を防ぐために、神経質な人や繊細な人と話すときは、プライバシーに深く関わらない、と決めてしまうのもおすすめです。

その代わりに、ニュースや天気、話題の映画など、誰でも知っているような内容をテーマにすれば、直接本人の話題に触れることが少なく、話を盛り上げることができます。

こちらのことをあれこれと詮索してこない人と話すと、繊細な人は安心します。そして、気持ちよく会話を楽しめた人とは、「また会いたい」と思うのが人間なのです。

命令口調で話さない

相手を信頼していないときに、人は命令口調になってしまいます。

しかし、命令口調は、人のやる気の芽をつんでしまいます。

命令口調には、いろいろなものがありますが、その代表が「ダメ」という言葉です。

「○○しないとダメ」というのは呪いのセリフで、どんなに前向きで元気な人でも言われ続けると、プラスのパワーを失います。

ある小さな会社は、社訓に「ダメ言葉禁止令」があるといいます。

社長ももちろん、全社員が守らなければならないルールだそうです。

たとえば、「電話での言葉使いが悪い」という新入社員への指導は、このように伝えます。

「電話のときには、お客さまへ敬語を使うことが大切です。顔が見えないから、言葉の使い方を間違えると、お相手は不快になるんです。ですから、これからは、丁寧な言葉使いをしてくれると助かります。そして、わからない言葉があったら、いつでも聞いてちょうだい」

上司は、命令をする代わりに、自分の感じた気持ちと、これからはどうしたらできるようになるのか、という提案をしています。

この新入社員はその指摘を受けたとき、

「申し訳ありません。つい、いつも通りの言葉で話してしまいました。指摘してもらえて助かりました」

と、笑顔で答え、すぐに正しい話し方をマスターしました。

命令調で言われていたら、そうはいかなかったでしょう。

この会社は、現場に活気にあふれ、利益はうなぎのぼりです。命令をされないため、社員たちがノビノビと働いているからです。

命令口調で話す人は冷たい印象を与え、人に元気を与えられません。

まわりくどい表現はしない

友だちとレストランで食事をしているとき、頼んだ料理に嫌いな野菜が入っていました。こんなとき、「私、アスパラが苦手なの」と正直に話せばいいのに、ため息をつく人がいます。

また、重い荷物を運んでいて、「重いな～」と大きな声で独り言を言っている人もいます。

誰かに手伝ってほしいけれど、プライドが高くて人にお願いできないから、周りの人に気付いてもらおうとしているのです。

このように、仕草で伝えたり、本当に言いたいことの代わりに他の言葉を使ったりするのは、まわりくどい表現方法です。

まわりくどい表現をされると、そばにいる人は混乱します。

「いったい何を伝えたいのだろう?」と理解に苦しみます。

そして、自分からどう話しかけたらいいだろうと、わからなくなり、気を使いすぎて疲れてしまうのです。

ストレートに話すのが得意なEさんは、どんなことでも短く話すように心がけているそうです。

「この前の旅行はどうだった？」と聞かれたら、「とても楽しかったよ。また行きたいな」とまずは答えます。

それから、相手がどういうところが楽しかったか、と質問してきたら、また一言で返すだけです。

「さて、何から話そうかな」「どうやって話そうかな」などと、もったいぶった言い方はしません。

Eさんのわかりやすい話し方は理解しやすい、と仕事でも重宝されています。

シンプルでわかりやすい話し方は、聞くほうにストレスを与えません。ですから、そういう人は「また、話したい」と思ってもらえるのです。

いさぎよく謝る

仏教の曹洞宗《そうとう》の開祖、道元は「人の心もとより善悪なし」と言いました。

「心はいいことも悪いこともなく清らかなものだからこそ、生きているうちに善や悪に染まっていく」と続きます。

世の中のいいことも悪いことも、さまざまな環境や条件によって起こります。

ですが、善に染まるも悪に染まるも、その人が決めていることです。

たとえば、貧乏でお金に困っていた人が、他人のお金を盗みました。

盗んだ人は「生まれついた環境が悪い」と、環境のせいにしました。

しかし、環境が悪いからといって、他人のお金に手をつけるのは、悪の行いなのです。環境が悪くても、ほとんどの人は悪い行いはしません。

仏教では、全ては本人の責任の元にあるという考え方をするので、罪を犯した人がどんな状況にいようと、言い訳を認めません。

でも、「私は間違ったことをしました」と、素直に罪を認めたら、以前のように清らかな心に戻れますよ、と教えています。

現在でも、罪を犯した人が警察に自首すると、罪が軽くなります。

このように、悪いことをしてしまっても、言い訳をせず、いさぎよく認めて謝れば、心もプラスの方向へ戻っていくのです。

あなたは、間違ったことをしてしまったとき、謝っていますか？

「私のせいじゃない」と意地を張って、謝ることを拒否したり、「もうすんだことだから」と、水に流してしまおうと思っているのなら、要注意です。

というのも、謝れない人は、相手への思いやりを持っていないからです。

他人を思いやれない人と、人間関係を持ちたい人はいません。

「ごめんなさい」「私が悪かったです」「申し訳ありませんでした」など、たった一言で、それまでの過ちが許されることもあります。

いさぎよく謝る人を見ると、周りの人はすがすがしい気持ちになるのです。

寄り添って共感してくれる

努力して勉強したにもかかわらず、資格試験に落ちてしまったA子さんという女性がいました。

「頑張ったんだけど、残念だったよ。でも次もあるから大丈夫」と、友人のEさんに報告したところ、「せっかく一生懸命に勉強したのに、かわいそう」と、しつこく何度も言ってきました。

A子さんはそのうち、「余計なお世話だ」と反発したくなり、Eさんにこの話をしたことを後悔しました。

Eさんのように相手に共感しているつもりが、相手を不愉快にさせるケースがあります。Eさんは、「かわいそう」といって同情するのが、相手へ共感していると勘違いしているのです。

共感は、自分の感情を持ち込まずに、相手の気持ちになって寄り添うことです。

それに対し、同情はいつも相手のためを思っているとは限りません。同情という感情の中には自分のエゴも混じっています。

その中には、なんとなく相手に対して優位に立っているような気持ちもあり、ある種の自己満足にもなりえるのです。

同情することで、いい人のように振る舞っていますが、実際は相手より上に立ちたいだけというケースも少なくないのです。

同情ばかりする人と話すと、イライラしてくるのは、こんな原因があるのです。

人は、共感されると、「この人は、私の本当の気持ちをわかってくれている」とうれしくなります。一方、同情されたときはマイナスの印象を持つこともあります。

「かわいそう」と安易に同情の言葉をくり返しかけるのは、やめましょう。

同情するよりも、ただ相手の話を聴いて、うなずいてあげた方が、相手を元気付けることになるかもしれません。

必要な場面では叱ってくれる

「ダメなことはダメ」と普段はやさしくてもきちんと叱ってくれる人、おかしいことはおかしいと忠告してくれる人は、意外と人に好かれることもあります。

経営の神様といわれた松下幸之助も、こう言っています。

「叱ってくれる人を持つことは、大きな幸福である」

恋愛でも、どんなときも優しい人よりも、いつもは優しいけど、悪いことをしたら、きちんと叱ってくれる包容力のある人のほうが好かれるといいます。

というのも、叱るということは、それだけ親身になってくれている証だからです。

初対面や知り合い程度の人を叱る人はめったにいません。

それほど、叱るという行為はデリケートです。

人が人を叱るときには、ある程度の責任と覚悟が必要なのです。

恋人同士の場合、好きだから相手のことを許してしまったり、「こわい人」「うるさい人」というマイナスなイメージを持たれたくないために、叱ってあげられないという人もいるかもしれません。

友だち同士だと、「嫌われたらどうしよう」「これは言い過ぎかな」と気になって、本音を言えないでいる人もいるでしょう。

しかし、叱らないことで相手にとってマイナスになったり、言ってあげることでその人にプラスになったりすることなら、言ってあげるべきでしょう。

後々、「あのときの厳しい一言がなかったら、今の私はない」と感謝されることになるかもしれません。

ただし、叱るときは上から指導するような言い方ではなく、同じ目線で伝えることが大切です。

そうしないと、反発を買いやすいからです。

誠実な気持ちでやさしく言うことで、相手に思いやりが伝わり、二人の間の絆は強まります。

自己暗示を活用する

親友の結婚式でのスピーチや、会議でのプレゼンテーションなど、人前で話すのが苦手という人は多いでしょう。

そんなときに、「上手に話さなくては」と思い込むと、余計に緊張して、頭が真っ白になり、空回りしてしまう可能性があります。

あるプロのモデルさんは、ファッションショーの前には食事が喉を通らないほど緊張するといいます。

そんなとき、お気に入りのファッションに身を包み、化粧も整えて、鏡を見ながら「私ってキレイ」とつぶやくそうです。

すると、さっきまでの自分の姿がウソのように、背筋が伸び、堂々と輝く自分になっているといいます。

これは、心理学でいうところの「自己暗示」です。

「私は美しい」と、心の奥にある潜在意識にメッセージを送り続けることで、そのモデルさんは緊張を克服し、舞台に出ているのです。

これは、人前で話すときだけでなく、重大な会議の席などの緊張しやすいシーンで応用できます。

「何か気の効いたことを言わなくては」と悩みはじめると、心がソワソワして落ち着きません。

そんなとき、「きっとうまく話せる」と、心の中で自己暗示をかけるのです。すると、気持ちが落ち着いてきます。

自分の気持ちをうまく言葉にできる人というのは、見ていて気持ちのいいものです。大勢の前でハキハキと意見を述べられるようになれば、その人の人気と評価は間違いなく高まるでしょう。

自己暗示を活用して、魅力的な人と思われる存在になりましょう。

一緒にいる相手との時間を盛り上げる

戦後の日本では、お隣さんの家に届けものに行くついでに、延々と世間話をして笑い合う、そんな光景がそこらじゅうにありました。

当時の主婦たちは、おしゃべりすることで、楽しいこともつらいことも仲間と分かち合い、日々のストレスを発散していました。そして、「また明日もがんばろう」と、プラスの気持ちで、充実した一日を終えることができていたのです。

「あの人にまた会ってみたい」と思われる人はたいてい、他愛のない会話にも笑顔で付き合ってくれる人です。

誰かが話している中に割り込んで、

「その話の結論を教えて」

「それで結局、何が言いたいの?」

なんてことは言いません。

彼女たちは相手の会話の内容がくだらないことでも、心底楽しそうに笑ってくれます。

会話の内容をあれこれ言うのではなく、その時一緒にいる相手との時間を盛り上げることを重視しているからです。

誰かが楽しそうに話している時、その話の内容がくだらないことでも、

「それがどうしたの？」

なんて言わないでおきましょう。

ちょっとした相手の間違いなど気にせず、くだらないユーモアに大きな声で笑い合いましょう。

友だち同士で会ったとき、いつも輪の中心にいて他の人の会話を盛り上げる人は、理屈ではなく、太陽のように輝いています。

パワフルで、エネルギッシュなその人の周りには、自然と人が集まります。そして、会話の相手は、「楽しかった」と感じ、心に元気がわいてくるのです。

相手の好きな話題を選ぶ

相手がつまらなそうにしているのに、それに気づかずに自分の話したいことを延々と続けている人を見かけることがあります。

そういう会話をする人は、相手を疲れさせます。

その人たちには、「相手のための会話」という意識がないのでしょう。

「この人はサッカーが好きだから、ワールドカップの話なら盛り上がりそうだ」

「彼女が映画を好きだと言ってから、映画の話題をふってみよう」

そんなふうに、相手本位で会話の内容を選ぶようにすると、相手は気持ちよく話すことができ、あなた自身の評価にもつながります。

自分中心の話し方から、相手中心の話し方に変えて、いいことを引き寄せた人がいます。保険のセールスレディをしている女性です。

その女性は話すことが大好きです。セールスレディをはじめたころは、お客様の前でも、楽しそうに話していればきっと好感を持たれるだろうと思い、保険の話題を中心にしゃべり続けていました。しかし、成績は思うように伸びませんでした。

あるとき、彼女は「このままではいけない」と思い、営業会話を変えることにしました。自分は話す側から聞く側に変わろうと決めたのです。

成績のいい先輩を囲んだ勉強会で、その先輩がほとんど自分の話はせず、相手の話を楽しそうに聞いているだけで契約が増えたという話を聞いて、マネをしてみようと思ったのです。

やってみると、成果はすぐに出ました。相手の好きそうなテーマについて話をふり、自分は聞き役に徹するようにしたら、売上が伸びて一年後にはトップセールスマンになったのです。

人は、相手から一方的に話されることを嫌います。

会話では常に、「相手にスポットライト」を当てることを心がけましょう。

話し相手はあなたといると楽しくなり、きっと「また会いたい」と思うはずです。

第5章

「ほめることが上手」

日頃から相手を見て気配りができる

まったく知らない人をほめることはできません。

特に、見た目からはわからない部分をほめるためには、相手のことをしっかりと観察する必要があります。

つまり、ほめるということは、それだけで、

「私はあなたのことをいつも気にしていますよ」

「私はあなたの存在を認めていますよ」

「私はあなたのことを好意的に思っていますよ」

というサインにもつながるのです。

ほめられてうれしいのは、ただ単に「自分のセンスを認めてもらえた」という満足感だけでなく、ほめ言葉を通じて、ほめてくれた相手の好意や思いやりを感じるからともいえるのです。

つまり、ほめ上手な人というのは、ただ単に口がうまいというわけでなく、日頃から他人を見ている人、気配りのできる人ともいえます。

「でも、そんなに他人のことばかり見ていられないよ」

「自分のことで精一杯だし」

と言う人もいるかもしれません。

その人は、ほめることを大げさに考えすぎているのでしょう。

相手を観察するといっても、毎日あいさつをして、軽く会話するくらいの観察でいいのです。

短時間でも、毎日あいさつをして、会話を交わす中で、相手のことがわかってきます。そうしたら、ほめるところも見つかるようになります。

ほめることができる人は、人にパワーを与えることができます。

あいさつのあとにプラスひと言のほめ言葉を加える

ほめ上手な人が人に好かれるとわかっていても、普段から人をほめることに慣れていない人は、上手にほめることができません。

いざほめようとしても、

「どのタイミングでほめればいいの？」

「職場でやたらとほめると相手がつけ上がりそう」

などと言って、なかなかほめ上手への一歩を踏み出せません。

そんな人におすすめなのが、あいさつのあとにプラスひと言のほめ言葉を加えるということです。

「佐藤さん、おはようございます。今日のシャツの色、とてもステキですね。お似合いです」

「山田さん、いつもお世話になっています。あら？　今日はいつもより顔色がいいみたいですね。何かいいことあったんですか？」

「課長、お先に失礼します。今日の会議は課長の大活躍で早めに終わることができました。ありがとうございました」

という具合です。

このように、会話をするときに、早い段階で相手をほめると、その場の空気がなごんで、そのあとの会話がスムーズに進みます。会話の最後にほめた場合も、相手にいい印象を与えたまま別れることができます。

別に、大げさなことをほめる必要はありません。ちょっと見て「いいな」と思った小さなことを伝えるだけでも、相手はうれしく思うものです。

これまで、人に会ってもあいさつだけで終わっていた人は、思い切って、ほめ言葉を付け加える習慣を持ちましょう。それだけで、周囲に与える印象が大きく変わります。

素直に「いいね」と心を込めて言う

日本人はシャイな人が多いようです。ほめることが苦手という人も、意外と多くいます。

例えば、誰かがオシャレをしていることに気付いていても、実際にそれをほめる人というのは、そう多くはありません。

「あれ？　今日いつもとちょっと雰囲気違うね。ああ、珍しくスーツを着ているんだ。フーン」

などと詮索するようにジロジロと見る人や、

「そんな派手な服着ちゃって。何かあったの？」

などと言って、冷やかしたりする人がけっこう多いのです。

そういう人たちも本当は心の中で、「意外と似合うじゃない」と思っていたりするのですが、日頃からほめることになれていない人は、なかなか素直にほめることができないのです。

または、「いいな」と思っても、相手にライバル意識を持っていたり、負けず嫌いな性格の人は、ほめることで相手になめられてはいけないと考えるため、気軽にほめることができません。

そんな意地っ張りな人が多い中で、素直に「いいね」と言える人の好感度は自然と高くなります。

ほめるときは、口先だけでなく、心を込めて言うのもポイントです。

心のこもっていないほめ言葉は、プラスのエネルギーが含まれていないため、相手を元気づけるほどのパワーがありません。

ほめることで、自分が低く見られるということはありません。

むしろ、ほめることはその人の心の余裕や優しさを感じさせるのです。

ちょっと意識して、感情を込めてほめるだけで、人に元気を与えることができます。

余計なひと言をつけないで無条件にほめる

「今回のプロジェクトではよくがんばったね。いつも成績がよくないので今日くらいがんばってくれるといいんだけど」

「今日の発表会は素晴らしかった。あとは、服装をもうちょっときちんとすると、もっといいいよ」

そんなふうに、ついひと言余計なことを言って、ほめ言葉を台無しにしてしまう人がいます。

どうせほめるなら、相手が喜ぶようなプラスの言葉だけで終わっておけばいいのに、それを打ち消すようなマイナスの言葉を付け加えてしまうのです。

そういう人は、思ったことを隠しておけない素直な人なのかもしれません。しかし、それではせっかくほめても、相手に元気を与えることはできません。

ほめられた人が楽観的な人なら、ほめられたことに意識がいくので、うれしい気分になるでしょう。

しかし、ほめられた人が悲観的なタイプだったら、ほめられたことより、そのあとの注意の方に気が入って、かえって落ち込んでしまうことになります。

がんばっている人、努力した人をほめるときは、無条件でほめてあげることが重要なのです。「無条件」にほめてもらえると、人は自信や達成感、満足感といった大きなプラスのエネルギーが心に湧いてきます。

そのため、ほめ上手な人は相手をとても喜ばせ、元気にすることができるのです。

もし、何か気になって注意したいことがあるなら、それはまた別の機会にさりげなく伝えてあげればいいでしょう。

もともとほめることができている人なら、余計なひと言をカットするだけで、さらに印象をよくすることができます。

相手の決断をほめる

ほめ言葉の中でも、とくに相手を元気づけるのが、相手の決断をほめるということです。

「よく決断したね。すごいと思う」

「この決断はあなたらしいと思うよ」

「○○さんも、あなたの決断は間違ってないと言っていたよ」

という具合です。

自信満々に見える人でも、内心は「本当にこれで良かったのかな?」という不安を持っているものです。ですから、こんなふうに自分の決断を称賛してもらえると、とても勇気づけられるのです。

男性に人気のある女性を見ていると、男性の決断を必ず肯定しています。

そのため、男性に、

「彼女と話していると元気が出るなあ」

「彼女はボクのことを理解してくれている」

と感じさせることができ、人気が高まるのです。

「あなたの言っていることは、間違いないと思う。さすがね」

「確かに、あなたにはその道が向いているわよ。勇気を出して一歩を踏み出して、すごい」

このようなほめ言葉は、男性の心に大きなプラスのエネルギーを与えることになります。


プラスの言葉は、人の心に元気を与えます。そして、自分の心に元気を与えてくれた人にもう一度会いたくなるのが、人の心理というものなのです。そういう人は、自分を元気にしてくれる相手だからです。

小さいほめ言葉をたくさん伝える

プレゼントについて、面白い実験結果があります。

それは、多くの人は大きくて高価なものを一年に一回もらうより、小さくても心のこもったものを何回ももらうほうがうれしいと感じる、ということです。

これは、ほめ言葉も同じです。

一年に一回だけものすごく大きなことをほめてくれた人と、毎日のようにちょっとしたことをほめてくれる人とでは、いつもほめてくれる人の方に、好感を持ちやすいのが人間なのです。

ほめるのが苦手な人は、「毎日ほめるなんてムリ」と思いがちです。しかし、もっと、気軽に考えればいいのです。

ほめる内容は、本当にちょっとしたことでかまいません。例えば、

「今日の洋服、いいね」

「顔色がいいですね」

こんなさり気ないひと言でも、相手はうれしいものです。

それに、ほめるときは、わざわざその人の近くまで行く必要はありません。通りすがりや、何かについでのときに、ちょっと声をかけるだけでいいのです。

コツは、一瞬で見て、一瞬でほめることです。

なぜなら、すれ違いざまに上から下までじろじろ見てからほめると、相手は、「私の肩に、糸くずでもついているのかな？」と思ってしまうかもしれないからです。

さりげなく、ちょっとしたことをほめる。

相手の変化に気づいて、前向きな言葉をかける。

その小さな積み重ねが、「あの人にまた会いたい」と言われるような人間的な魅力を作り上げていきます。

過程をほめる

資格試験に合格した人をほめるときは、

「合格おめでとう！　すごいね。よくがんばったね」

と言うように、一般的に結果をほめるものです。

しかし、結果をほめる以上に相手に喜んでもらえるほめ方があります。

それは、「結果を生むために努力した過程」をほめる、ということです。


例えば、後輩が仕事でいい成績を上げたとしましょう。

「おめでとう。良かったね」

という一言のあとに、こう付け加えるのです。

「違う業界からの転職で大変なことも多かったと思うけど、よくここまでがんばったね。あなたが寝る間も惜しんで勉強している様子を見て、私もがんばらなくちゃって思ったよ」

こう言われれば、後輩は、「この人は自分の苦労をわかってくれている」という事実を知って、感激するでしょう。

成功した人には、やっかみが集まることもあります。

「お前はゴマをするのがうまいだけだ」

と言って、まるで本人の苦労を認めない意地の悪い人もいます。

しかし、結果を出す人というのは、人に見えないところでそれなりの努力をしているものです。

とは言え、自分から、

「私はこんなに努力した成功したんです」

などと言うわけにはいきません。

そのため、苦労を認めてあげられる人は、相手に大きな喜びを与えられるのです。

すぐにほめる

ほめ言葉を伝えて一番喜んでもらえるタイミングは、いつでしょう。それは、何かをがんばった直後です。

たとえば、新入社員が厳しいノルマを達成してホッとしていたとしましょう。

一カ月後の社内の宴会で、上司から、

「よくあのノルマを達成したよなあ。ずっと感心していたんだよ」

とほめられるのと、ノルマを達成したその直後に、

「お疲れさま。きつかっただろう。あきらめずによくやったね」

と声をかけられるのとでは、感動の度合いは「直後」の方が大きいのです。

ですから、誰かががんばって成果を上げたのを見たら、すぐにその場でほめてあげた方が、ほめ言葉の効果は大きくなるといえます。

この法則を利用して、片想いの相手を振り向かせた営業事務のOLがいます。

彼女は、同じ会社に勤める営業マンの男性に片想いの恋をしていました。男性はあまり営業成績がかんばしくなく、いつも上司に叱られていました。その男性が苦労して注文を取ったときも、上司はその男性をほめることはありません。

その様子を見たＯＬは、彼が大きな注文を取った日は必ず、彼の携帯電話に、

「今日はおめでとうございます。私もサポートしますので、何かできることがあれば言ってください」

といった短いメールを送ったのです。

彼はそのうち、いつも自分のがんばりを見ていてくれた彼女を好きになり、二人は交際するようになりました。

人は、がんばった直後に、「よくやった」と認めてほしいのです。

相手にとって一番嬉しいタイミングで人をほめることができる人は、相手を喜ばせ、人に大きなプラスのエネルギーを与えることになるのです。

相手が喜ぶポイントをほめる

ほめ言葉を言うときは、守らなければいけない原則があります。それは、相手がコンプレックスを持っていることをテーマにしないということです。

髪が薄いことを気にしている人に、

「あれ？　少し髪の毛が増えたんじゃないですか？」

と言えば、ほめたつもりが逆に、相手を傷つけることになるかもしれません。

そうなれば、相手を喜ばせるつもりが、逆効果になってしまいます。

ほめ言葉で失敗しない方法があります。それは、相手が関心のあるポイントに的を絞ってほめるということです。

言われた方が一番うれしいのは、自分の好きなことや、得意なことをほめられるということです。

例えば、上司が生まれたばかりの赤ちゃんに夢中で、机の上に写真が飾ってあるな

ら、それを見て、

「赤ちゃん、かわいいですね。課長にそっくりですね」

と言ってあげれば、照れながらも大喜びするはずです。

その上司にとっては、ネクタイの柄をほめられたり、会議での発言をほめられたりするよりずっと、赤ちゃんのことをほめられることがハッピーにつながるでしょう。

ですから、相手が、「私はこれをがんばっています」「私の自慢はこれです」という分野を持っているときは、そこを意識してほめてあげましょう。

人気がある人というのは、他人をほめるポイントがわかっています。

つまり、「どこをほめたらこの人は喜んでくれるだろう」という想像力を働かせるのが得意なのです。

そういうほめ方のうまい人に、人は魅力を感じるのです。

できるだけ具体的にほめる

ほめ方にも、色々なパターンがあります。

ほめ上手と言われる人は、ほめるべき場所を絞って、具体的にほめることができます。

あるセミナー講師に聞いた話です。

セミナーが終わると、たくさんの人がその講師の近くに来て、

「今日のお話はよかったです。大変勉強になりました」

と言ってくれるそうです。

しかし、講師が、

「今日の話のどのあたりがよかったですか?」

と聞き返してしまうと、多くの人が口ごもってしまうといいます。

そういうとき、その講師は「ほめてくれたのはお世辞だったのかな」と思ってしま

う、と言っていました。

そのように漠然としたほめ言葉を使う人が多い中で、「今日のお話の、先生の会社員時代の体験談は、非常に参考になりました。明日から私もその考え方を仕事に取り入れてみます」

というように、具体的にほめてくれる人がいると、「この人は私の話をちゃんと聞いてくれていた」という気持ちになって、大変うれしいと言っていました。

「かわいい」「すごい」「いいね」といったほめ言葉は、悪い言葉ではありませんが、一般的すぎて相手に与える印象は薄れます。

ほめるときは、できるだけ具体的に伝えるようにするといいでしょう。

ほめる技術は、繰り返すうちに上手になってきます。

ほめ方のコツをつかめば、あなたのもとには「ほめてほしい」人たちが行列を作るかもしれません。

ほめ言葉は大勢の人に聞かせる

ほめるときは、大勢の前でほめると、ほめられた相手をさらに喜ばせることになります。

例えば、できる上司はみんなの前で、がんばった部下にほめ言葉を与え、部下たちのやる気を引き出すといいます。

部下はみんなの前で自分の努力を評価されればうれしいし、やる気もわいてきます。そのため、ほめ上手な上司の下で働く部下たちは、いつも気持ちよく働くことができるのです。

また、ほめ言葉を人づてに本人の耳に入るようにする方法も、言われた方を喜ばせることになります。

例えば、Aさんをほめたい場合は、Aさんと親しいBさんに、

「Aさんはまだ入社して二年なのに、中堅社員のように安心して仕事をまかせられる。

期待しているんだ」

　という内容を伝えるのです。

　すると、Aさんと仲の良いBさんは、

「○○さんが、Aさんのことをほめていたよ。よかったね」

　とAさんに伝言してくれます。

　すると、Bさんは、直接ほめられたよりもうれしい気持ちになり、ほめてくれた相手に対して好感を抱くようになるのです。

　人から好かれる人は、この法則を心得ているようで、よく、そこにいない第三者のことをほめています。


「あの人が、私の知らないところで私のことをほめてくれた」

そんな様子を想像するだけで、心はうれしくなり、元気がわいてきます。

ほめる数が多いほど、元気になる人が増えていきます。

身近な人からほめてみる

人をほめるためには、相手のいいところを見つけなければいけません。

ですから、人のいいところを見つけるのが苦手な人は、なかなかほめ上手になることができません。

また、自分に自信がない人や、あまり人にほめられた経験がない人も、すぐにはほめることができないかもしれません。どうやって、ほめていいのかわからないからです。

しかし、ほめ言葉を使わない人は、人生で損をすることになります。

ほめ言葉を上手に使えると、それだけで人付き合いのトラブルを回避したり、人から好かれたりするからです。

つまり、人を「ほめない」ことは、人間関係をスムーズにさせるための特効薬を使わないのと同じです。

ですから、ほめるのが苦手という人は、今からでも練習をして、ほめ上手な自分を目指してみるといいでしょう。

まずは、当たり障りのない身近な人からはじめてみるのがおすすめです。家族や友人など、利害関係のない相手なら、緊張せずに声をかけられるはずです。

よくよく見れば、どんな人にもいい所があります。

苦手だと思っている人には、悪い所にばかり焦点を当てて見ているのかもしれません。

もっと気軽に、ちょっとしたプラスの面に注目して、言葉にしてみましょう。

「おはよう。今日も元気そうね」

という一言でもいいのです。

笑顔でほめ言葉を伝えることで、相手との距離がグッと近づきます。

少しずつでもいいのです。人をほめる自分になることを心がけるうち、周囲からの人気は着実にアップします。

人と違うポイントをほめる

ここまで、ほめることのメリットについて述べてきました。しかし、ほめ言葉には、危険もあります。それは、ほめ言葉も使い方を間違えると、人から嫌われる原因になるということです。ほめられたいことは、人によって違うからです。

どういう意味かというと、相手がうれしくないポイントをほめても、意味がないということです。

たとえば、草野球の選手が、プロ野球の選手に向かって、

「あなたは野球が上手ですね」

と言えば、冗談にしかなりません。

プロ野球の選手は、

「俺はプロなんだから、野球がうまいのは当たり前だろう。素人のあなたにそんなこ

「言われたくないよ」

と思うだけで、ちっともうれしくないはずです。

また、東大生に、

「頭がいいんですね。すごいですね」

と言っても、彼らは子供の頃からずっとそう言われ続けているため、喜ばないかもしれません。

ですから、人をほめるときは、相手が普段、言われていないようなことを言うのがいいかもしれません。

例えば、オシャレに凝っている東大生には、頭脳をほめるより、

「洋服のセンスがいいですね」

と言ったほうが、喜んでもらえる可能性は高いといえます。

そのようなちょっとした気づかいが、相手を喜ばせ、元気づけることになるのです。

ほめられたら素直に受け入れて感謝の言葉を伝える

ここまで、人をほめることは人を喜ばせると同時に、その人自身も魅力的になるという話をしてきました。

ここで忘れてはならないのが、自分がほめられたときにどういう態度を取るかということです。

ほめるのが上手な人でも、ほめられるのが苦手という人は、けっこういます。

お気に入りのネックレスをほめられたとき、

「いやいや、安物ですよ」

と言ったり、がんばったことを認めてもらったのに、

「たいしたことじゃないですよ」

とごまかしたりした経験はないでしょうか。

または、

「いえいえ、私なんか全然。あなたの方こそステキですよ」などわざとらしい言葉を返して、相手をしらけさせてしまった人もいるかもしれません。

照れや謙遜からこのような対応をしてしまうのでしょう。しかし、ほめ言葉を素直に受け入れないことは、相手の気持ちをはね返してしまうことと同じです。

それでは、せっかくのプラスのコミュニケーションを、自分から断ち切ってしまうことになります。

誰かにほめてもらったときは、恥ずかしくても、その気持ちを正面から受け止めて、感謝の言葉を伝えましょう。

「ほめてくれてありがとうございます。私もとても気に入ってるんです」

「ほめていただけて嬉しいです。励みになります」

笑顔でそう答えれば、ほめた方と、ほめられたあなたとの心の距離は、一気に縮まるでしょう。

第6章
「自分を励まし相手を励ます」

聞くだけで相手の役に立つことができる

人は誰でも、自分の話を誰かに聞いてほしいと思っています。落ち込んでいるときは、とくにそうです。

しかし、実際には、自分の話を真剣に聞いてくれる人というのはそうそういません。銀座の高級クラブは、座っただけで何万円というお金を払うところもあります。そのような高い金額を払う男性がいるのは、店の女性が熱心に自分の話を聞いてくれるからです。これは、裏を返せば、普段の生活の中で自分の話を聞いてもらえる機会が少ないということでしょう。

ですから、誰か自分の話を真剣に聞いてくれる人がいると、人はその相手に好感を持つことになります。

精神科医や心理カウンセラーは、相手の話をじっくりと聞きますが、自分から積極的にアドバイスをすることはありません。

それでも、聞いてもらった方は、話が終わるとスッキリとした顔をして、「おかげさまで気が晴れました」という感想を述べるものです。

友だちが落ち込んでいるとき、黙ってその話を聞いてあげましょう。

聞くときは、自分の意見を挟まずに、ただただ相手の話に集中します。

落ち込んでいる人の心にはマイナスのエネルギーが一杯です。しかし、それを誰かに聞いてもらうことで、マイナスのエネルギーを多少なりとも発散することができるからです。

ですから、「自分は人をうまく励ませない」という人は、聞き役にまわるということを意識するだけで、相手の役に立つことができます。

共感するだけでもいい

相手の話を聞いて、共感することも相手を励ますのと同じ効果があります。

「この人は私の気持ちをわかってくれた」と相手に感じさせることで、マイナスのエネルギーで一杯だった相手の心にプラスのエネルギーが生まれるからです。

つまり、人は誰かが自分の話に共感してくれると満足して、勇気や元気が出るということです。

しかし、ただ黙って話を聞いているだけでは、「私はあなたの話に共感しています」ということを伝えることができません。

そのためには会話中に、自分の意見をはさまないで、あいづちを打ちましょう。

「そうだよね」

「その気持ち、わかる」

というように、共感の気持ちを込めたあいづちを打ちます。

これだけでも、聞いてもらっている方は、自分の話を理解してくれていると感じてうれしくなるものです。

その証拠に、ある実験によれば、聞き手がうなずきを積極的にした場合は、うなずきをまったくしなかった場合よりも、話し手が話す時間が五〇％も長くなったそうです。

人は誰でも、自分の意見を他人に言うとき、多少なりとも不安があるものです。とくに、落ち込んでいるときは、「こんな弱気なことを言ったら見損なったと思われるかも…」というように、ドキドキしながら話していることもあります。

そんなときに、相手が自分に共感してくれたと感じると、とてもうれしいものです。

「この人はいつも私の話に共感してくれる」と思われる人は、間違いなくその人にとって大切な存在になります。

ピンチ時にかけつける

人は不安になったり、迷ったりすると、誰かに話を聞いてほしくなります。

しかし、多くの人が忙しい毎日を過ごしている中で、

「ちょっと相談に乗ってほしい」

と言って時間を作ってもらうのも気が引ける、という人も多いのです。

ですから、逆に落ち込んだ友だちから電話がかかってきたとき、

「どうしたの？　力になれるかわからないけど、話を聞くよ」

と優しく言える人は、相手を元気づけます。

普段は元気な友だちが、暗い顔をしていたら、それはその人がピンチを迎えているからかもしれません。

そんなときは、さりげなく時間を作って話を聞いてあげましょう。

そして、おいしいお茶でも飲みながら、

「そうだったの。それはつらかったでしょうね」

「でもきっと、いい方向に向かうと思うよ」

と励ましてあげましょう。

あるOLの女性は、男友だちが会社からリストラの宣告を受けて落ち込んでいると聞いて、食事に誘いました。

食事中は相手の話を聞いて、静かに励ましました。

その二人は、この件がきっかけで後日、結婚しました。彼が落ち込んだときに励ましてくれた彼女を好きになったからです。

「何も話したくないけど、誰かにそばにいて欲しい」、という気分になることが、誰でも人生に何度かあります。

そんなとき、かけつけてくれて、一緒にいてくれる人は、相手にとっては大事な存在になります。

励ましながら自分の自慢話はしない

励ますときの注意点があります。

それは、人を励ましながら、自分の自慢をしないということです。

よくあるのが、失敗して落ち込んでいる人を相手に、

「あなたなら、大丈夫。きっとうまくいくよ」

と励ましの言葉をかけてから、

「私はあなたよりもっと大変な体験をしたことがあるけど、こんなふうにして、ピンチを乗り越えたんだ」

というように、自分の過去の偉業を持ち出して自慢する人です。

人は誰でも、自慢したいという気持ちがあります。とくに自分が人から「すごい」と言われるようなことをしたときは、誰に聞かれなくても、口に出したくなるものです。

しかし、どんなにそれを言いたくても、落ち込んでいる人を励ますとき、引き合いに出すのは間違っています。

おしゃべりな人は、意識しないとつい、相手が話している途中で質問をはさんだり、自分の話を始めようとしたりします。

しかし、それでは相手は安心して話すことはできません。

すべてを吐き出しきれないので、話し終わったあとも、元気が出るどころかストレスを感じてしまうかもしれません。

自分が口を開くのは相手がすべて話し終わって、一息つくまで待ちましょう。

そして自慢話に関していえば、相手が話し終わったあとでも、やめておきましょう。最後に余計なことを話したために、せっかくの励ましの効果が台無しになってしまうこともあるのです。

たまにはグチを聞いてあげる

風水では、「グチ色に染まると人が遠ざかる」というそうです。

確かに、グチは言った本人だけでなく、聞いた人までマイナスのエネルギーに触れることになるので、グチっぽい人の近くにいると運気が下がってしまうといわれています。

しかし、人間は完璧ではありません。頭では「グチは言わないほうがいい」とわかっていても、どうしても言いたくなるときもたまにはあるものです。

そんな、「今日だけはグチを言わせて欲しい」というときに、黙って聞いてくれる人がいると、その人は相手にとって特別な存在になります。

特に、グチはすきを見せても大丈夫なような、身近な人にこぼしたくなるものです。ですから、人は自分の家族や恋人などにグチをこぼす機会が多いのです。

恋愛上手な女性は、恋人のグチを聞いてあげることができます。

いつも仕事をがんばっている彼が、グチを言い出したら、否定しないで、

「そうだったの。大変だったたね」

と受け止めてあげます。

「グチを言っているヒマがあったら、もっと勉強すれば」

なんてことを思っても、そこはグッと我慢します。

その優しさが、恋人に愛される秘訣なのです。

相手だってきっと、グチを言うことをいいこととは思っていないはずです。

それをあえて打ち明けるということは、よっぽどストレスがたまっているのでしょう。

とはいえ、延々とグチを聞くのは、やはりつらいことです。

そんなときは、

「三〇分だけグチを聞くから、そのあとは元気出そうね」

と、時間制限を設けて、聞き役に徹してあげるという方法もあります。

求められない限り、自分の意見を押し付けない

悩んでいる人を前にすると、ついアドバイスしたくなるという人がいます。

しかし、アドバイスは、相手にとって喜ばれるとは限りません。

相手の気持ちをよく理解していないと、こちらの意見の押し付けと感じられ、次第に気まずい雰囲気になってしまうこともあるのです。

とくに、相手に求められていないのに、自分の考えを押し付けるのはよくありません。

「今からでもAじゃなくてBにした方がいいよ」

「絶対にやめた方がいいって」

アドバイスする方は、相手のためを思っているのかもしれません。

しかし、自分の意見を言葉にする前に、少し考えてみてほしいことがあります。

それは、本当に、その相手はアドバイスを欲しがっているかどうか、ということで

す。

その相手は、心の中で進む道を決めていて、ただ単に「大丈夫」と言ってほしいのかもしれません。

ただ単に、自分の話を聞いて欲しかったのかもしれません。

こちらがいくらよかれと思っていても、見当違いのアドバイスは、時と場合によっては、相手を傷つけることになります。

励ましたつもりが、相手の心をマイナスにしてしまうのは、お互いの望むところではないでしょう。

不用な助言は、人を傷つけます。

励ますときは、あくまでも相手中心に考えましょう。自分の意見を押し付けないということを意識してみてください。

そうすれば、「あなたに会うと元気が出る」と言われるようになります。

自分の情けない体験談をユーモアを交えてする

失敗して落ち込んでいる人に、自分の過去の失敗談を話すと、元気づけてあげられることがあります。

「大変だったね。私も、あなた以上の大失敗をしたことがあるのよ」

そう言って、自分の情けない体験談を伝えましょう。

深刻な感じではなく、ユーモアも交えて過去の自分を笑い飛ばすようにすると、雰囲気が暗くなりません。

また、前述したようにこのとき、自分の自慢話が混じらないようにすることも大事です。

思い通りにいかないことがあって落ち込んでいるとき、人はどうしても悲観的になります。

「この先、もっと悪いことが起きたらどうしよう」

「私はどうしてこんなにダメなんだろう」

などと、未来に対しての希望を失ったり、自分自身を責めたりすることもあります。

そんなとき、目の前にいる人が、過去に自分と同じような失敗をして、それでも今は元気に過ごしていると知ったら、どう思うでしょうか？

「なんだ、うまくいかないのは自分だけじゃないんだな」

「彼女は失敗を乗り越えて、今は元気に暮らしている。だから、自分だってすぐに復活できるだろう」

と安心して、希望を取り戻すかもしれません。


また、多くの人が、自分を実力以上によく見せたいと考えている中で、気取らずに過去の失敗談を話してくれた人は、特別な存在にうつるはずです。

誰かを引き合いに出さない

人を励ますとき、注意したいことがあります。

それは、誰か別の人を引き合いに出さないということです。

例えば、失恋して泣いている友だちを励ましたいからといって、

「A子さんなんて、五回も連続して好きな人にふられたんだって。それに比べれば、あなたの失恋なんて二回目だからまだましよ。だから元気出して」

という言い方はNGです。

会社をリストラされて、すごく落ち込んでいる人を励ましたいからといって、

「ドイツなんて、失業率が一〇％以上で、大学院を卒業してタクシードライバーになる人もいるらしいよ。それに比べたら、日本はまだましだよ。だから、次の就職先もきっと決まるよ」

という慰め方をするのも、ずれているといえるでしょう。

実は、こういう「誰々に比べたらまし」という言い方をされても、人はうれしくならないのです。当然、元気も出ません。

それどころか、そこにいない誰かを引き合いに出して、

「○○さんはもっと不幸。だからあなたの方がまし」

という言い方をするのは、場合によっては、印象を悪くすることもあります。

「そんな他人のことなんてどうでもいい。私はこんなに落ち込んでいるのに、この人は全然わかってくれない」と思われてしまうこともあります。

いくらその理屈が正しくても、相手の心に届かなければ、ハッピーは生まれません。人は共感してもらってはじめて、相手に「自分の気持ちをわかってもらえた」と感じ、満足するのです。

誰かを引き合いに出して比べることには、「共感」が不足しています。

人を元気づけられる人になるためには、その点の注意が必要です。

上から目線でアドバイスしない

プライドの高い人の中には、励ますときに、相手より上に立ったようなつもりで、ついいばってしまう人がいます。

しかし、相手の力になりたいと思っていても、上から目線でアドバイスをすれば、相手に喜んでもらうことはできません。

それどころか、「いやな感じ」と思われてしまうかもしれません。

「経営の神様」といわれ、松下電器産業（現パナソニック）を創業した松下幸之助さんの本に、こんなことが書いてありました。

幸之助は子供が大好きでした。そのため、孫や近所の小さい子供と話をしたくて声をかけると、みんなが逃げていく時期がありました。

なぜ逃げるのか、自分なりに分析してみた結果、幸之助は自分が「教え魔」になっていたことに気づきました。

彼は会社で部下にそうしているように、子供にも、「これはダメ」と注意したり、「世の中というのはな」と説教したりすることが多かったのです。

子供たちはそんなふうに上から目線で口をきかれるのがいやで、逃げていたのです。

その後、幸之助はいろいろと教えてあげることをやめ、子供たちといるときは、「一緒に楽しむ」という考えに変えました。

すると、すぐに子供たちの人気者になれたということです。

人は、誰かに教えたり、人から相談されたりすると、気持ちがいいものです。

しかし、聞かされている相手は迷惑しているかもしれません。ですから、励ますときは、上から目線になっていないか、気をつけましょう。

相手のいいところを伝える

相手を元気づけるための方法のひとつに、相手のいいところを伝えるということがあります。

「君にはこんなにいいところがあるよ」

「私はあなたのこんなところが大好きです」

「以前、あなたが私にかけてくれた優しい言葉が忘れられません」

という具合です。

落ち込んでいるとき、その人は自分に自信がなくなっています。しかし、自己嫌悪の気持ちがふくらむと、心にはマイナスのエネルギーがすごい勢いで増えていきます。

まずは、相手の自己嫌悪の気持ちをストップしてあげないと、相手はいつまでたっても元気が出ません。

そこで、相手の長所を伝えるやり方です。

相手を励ますというと、「がんばって」とか、「あなたならできる」という言葉が思い浮かびますが、不安が強いときは、それよりも、その人自身のいいところを伝えるほうが、心にはいい影響を及ぼすのです。

面白い実験があります。

ある遊園地で、足首にゴムをつけて高いところから飛び降りるバンジージャンプという遊びをするとき、「がんばれ」と声をかけるより、「かっこいい」「すてき」という言葉をかけたほうが、早く飛べたというのです。

これは、「かっこいい」「すてき」という言葉が、その人に自信を与えて、「自分ならできる」という勇気につながったからでしょう。

このように、相手の長所を口に出して伝えるだけでも、その人を元気づけられることがあります。

あまりに落ち込んでいるときは、まずは慰める

相手があまりにも落ち込んでいる場合は、「励ます」よりも先に「慰める」ほうが、元気づけてあげられることがあります。

「慰める」と「励ます」は似ているようで、実際にはちょっと違う行動です。

「慰める」とは、相手の傷ついた心を癒すことが目的です。

一方、「励ます」は、相手に一歩踏み出す勇気を与えたいときに、背中を押すような意味でする行為です。

例えば、試験に失敗して落ち込んでいる友だちの話を聞き、一緒にいて同情してあげるのは「慰める」です。

来年も試験を受けることを決意した友だちを「がんばれよ！」と勇気付けるのは「励ます」です。

「慰める」には優しい温かさがあります。

「励ます」にはもう少し力強い、明るいプラスのエネルギーを感じます。

しかし、相手があまりにも落ち込んでいるときは、励ますことが逆にプレッシャーになることもあります。

そんな人に向かって、「がんばってね」という言葉をかけると、「そんなのムリだよ」と反発をくらうかもしれません。

相手が深く落ち込んでいるようなら、まずは傷ついた心を「慰めて」あげましょう。

特別なことをしなくても、自然がきれいな場所や、食べ物がおいしいレストランなど、そこにいるだけで気持ちがよくなるようなプラスのエネルギーの多い場所に連れて行ってあげるのもひとつの方法です。

励ますのは、心の傷が少し癒えてからでも遅くありません。

「がんばれ」の一言でいい

口下手な人の中には、励ますためのうまい言葉が思い浮かばないという人がいるでしょう。

そんな人は、深く考えなくていいのです。大切なのは、いい言葉をかけることではなく、「私はあなたを応援しています」という気持ちを伝えることなのです。

「きっとうまくいくよ」

「がんばってね」

といった短い言葉でも、しっかりと心を込めて伝えれば、相手を元気にすることはできます。

あるマラソン選手がテレビでこんなことを言っていました。

「走っていて苦しくても、沿道からの『がんばれ』の声を聞くとパワーがわいてきます。きついときは、応援の声がよく聞こえるように、歩道の近くを走ることもあります」

このように、短い一言でも、その人の大きなエネルギーになることがあるのです。

一方、「がんばれ」と言わないほうがいい人もいます。それは、もう十分がんばって、疲れきってしまっている人です。

そういう人に、「がんばれ」と言うと、

「こんなにがんばったのに、まだがんばれって言うのか？」

と反発をもたれてしまうことがあります。

そういう人に対しては、「がんばれ」という直接的な励ましではなく、「本当によくやっているね」というような、ほめ言葉の方が喜ばれることもあります。

言葉の持つエネルギーは大きいものです。人を元気にできる人は、そのあたりの使いわけも上手です。

従って好感を持たれるのです。

「よくやったよ、私」と自分で自分を励ます

ここまでは、他人を励ますことについて紹介してきました。

この項では、他人ではなくて、自分を励ますことについて述べます。

人に元気を与えられる人は、その人自身がいつも元気です。その原因として、落ち込んだときの立ち直りが早いということがあります。

彼らの多くが、自分で自分を励ますのが上手です。

失敗したときも、「私はダメ人間」というふうに自己嫌悪に陥ることがありません。それどころか、「よくやったよ、私」というふうに、自分で自分を励ますことができるのです。

つまり、彼らは自家発電のように自分で自分にプラスのエネルギーをチャージすることができるので、いつも元気なのです。

「自分のことを甘やかすのはよくないのでは？」と思う人がいるかもしれません。

しかし、甘やかすことは悪いことではありません。

幼い子どもの心理学に詳しい精神科医がこのようなことを言っていました。

「小さいときに、たっぷり親に甘えて育った子どもは、親離れが早い。ところが、何らかの事情で親に充分甘えられなかった子どもは、大人になっても甘えたいという気持ちが抜け切らずに残ってしまうことがある」

これは、大人になっても同じことです。

いつも自分自身に厳しい言葉をかけて、愛情を与えずにいると、いざというとき、その人は前に進む勇気が出にくくなるのです。

普段から自分に優しくして、自分を励ましている人のほうが、心にプラスのエネルギーが増えやすく、イキイキと生きることができるのです。

ですから、人に元気を与える魅力的な人になるためには、まず、自分自身を励ます習慣を持つことをおすすめします。

何事もいい経験と受け止める

前の項目に続いて、自分で自分を励ますことについて述べます。

アメリカでは、たとえ起業に失敗して、会社をつぶすことになっても、責められることはあまりないそうです。

「君はよくやったよ。いい経験をしたね」

と、周りの人は励ましの言葉をかけ、元気づける文化があります。

そのため、最初の起業に失敗しても、何度も再チャレンジする起業家が多いそうです。

このアメリカ式の考え方を、私たちもぜひマネしたいところです。

例えば、挑戦が失敗に終わったときは、つい、

「こんな結果になるなら、やめておけばよかった」

「あの人さえ協力してくれれば、こんなことにならなかったのに」

というような後悔や憎しみが胸にわきあがってくるものです。

しかし、後悔や憎しみの感情は、心にマイナスのエネルギーを増やし、よくない出来事を呼び寄せます。

そんなときこそ、「いい経験になった」と自分で自分を励ましましょう。

自分を責めたり、誰かを恨んだりしても、何も解決しません。

胸の中にグルグルとマイナスの感情がわいてきたとしても、そこでグッと歯を食いしばって、「いい経験になった」と言ってみることで、心の状態はマイナスからプラスへと転じます。

誰も励ましてくれないときも、落ち込む必要はありません。なぜなら、自分という味方がいるからです。

自分で自分を励まし、何事も「いい経験だった」と受け止めることができる人は、何があっても力強く前を向いて進んでいけます。人は、そういう人に魅力を感じるのです。

第7章
相手に喜びを与えられる

プラスの感情を素直に言葉にして伝える

何かを与えるというと、プレゼントなどの物を思い浮かべる人がいるかもしれません。

しかし、人に与えるものは目に見えるもの以外にもたくさんあります。

それは例えば、「感動」だったり、「喜び」だったりします。

プロスポーツ選手には、普通の人では考えられないような高い年収がある人もいます。

それは、なぜでしょう？　答えは、彼らがたくさんの人を感動させたり、喜ばせたりしているからです。

彼らはスポーツの真剣勝負を通じて、たくさんの人の心にプラスのエネルギーを注いでいます。スポーツを見ることで、ワクワクして、興奮して、心にプラスのエネルギーを発生させている人がたくさんいるのです。

有名な芸能人も同じです。彼らは映画やテレビ番組などを通して、多くの人に喜びや楽しみを与えています。その対価として、高い収入を得ることができるのです。人を喜ばせることには、そのくらい大きな価値があるのです。

人気のある人は、間違いなく人に喜びや楽しみを与えることにたけています。例えば、プラスの感情を素直に言葉にして伝えることは、相手を喜ばせます。

「今日はあなたに会えてうれしかった」

「すごく楽しかったです。またぜひ遊びましょう」

「あなたと話したら、気持ちがすっきりしたわ。ありがとう」

そんなふうに言われたら、誰だってうれしくなるものです。

人を喜ばせるために、できることはたくさんあります。まずは、その代表である「相手を喜ばせる言葉」を与えることを、惜しまないようにしましょう。

まずは自分が誰かにしてあげる

「○○してほしい」

「どうして○○してくれないの」

という言葉は、何かを欲しがっている人の言葉です。

この言葉を口にするとき、その人は相手から受け取ることばかり考えています。

いつも受け取る言葉ばかりしゃべっている人は、人間関係が長続きしないという特徴があります。

なぜなら、欲しがってばかりの人と一緒にいると、相手は自分のプラスのエネルギーを奪われて、疲れてしまうからです。

こういう人は、恋人ができると、

「電話が少ない、メールが少ない、プレゼントが少ない」

という具合に相手からいつも何かしてもらおうとするので、恋人の重荷になってふられてしまいます。

この状態から抜け出すには、「〇〇してほしい」と思ったことを、人からしてもらうのではなく、まずは自分が誰かにしてあげるのが一番です。

「あの人、どうして私に優しくしてくれないんだろう?」と思ったら、自分からその人に対して先に優しい態度をとるのです。

「友だちが全然遊びに誘ってくれない」と不満に思ったら、自分の方から友だちを誘って、ホームパーティなどを企画してみればいいのです。

それを続けていると、「欲しい人」から「与える人」へと、少しずつ変わっていくことができます。

自分から何かをやってあげて、それで人が喜んでくれる様子を見ると、心にはプラスのエネルギーが増えます。心がマイナスからプラスへと変わると、その人の印象は劇的に変わり、人気だって高まるのです。

笑顔が人を安心させる

子供番組に出ているお姉さんやお兄さんは、テレビに出ている間中、ずっと笑顔でいます。

それは、そのテレビを観ている子供たちを安心させるためです。もし、お兄さんやお姉さんが悲しい顔や怖い顔をしていたら、そのテレビを観る子供はいなくなってしまうでしょう。

このように、笑顔には人を惹きつける魅力があります。

しかし、イヤなことがあったり、落ち込んだとき、イライラしたときは一瞬にして笑顔が消えてしまうものです。

そんなときには、作り笑顔をオススメします。

「そんなバカな」と思う人もいるかもしれませんが、笑顔には、心の奥底にある潜在意識を引き出す力があるといいます。

才能のあるスポーツ選手を育てるコーチの中には、競技をする選手に「緊張したときは、笑いましょう」と指導する人もいるそうです。

また、アメリカの野球選手が、試合中にガムをかんでいることがあります。

日本人から見ると行儀の悪い行動に思えますが、訳があります。

口を動かすことで、顔の筋肉がゆるんで、脳の状態がリラックスするのです。

競争をしているスポーツ選手が、試合中に心から笑うことなどありえません。

ですから、ガムをかむことでリラックスさせるのです。

この方法は、スポーツ選手だけでなく、普通の人も使うことができます。

ためしに、形だけでもかまわないので、鏡の前で口角を上げてみてください。すると、マイナスの感情が、サッと去っていくはずです。

同時に、笑顔を見せるのは、周囲の人に安心感や安らぎを与えることにもなります。

日常生活の中で笑顔でいる時間を増やすだけで、「また会いたい」という人が増えてきます。

相手のために時間を割くことは、思いやりを与えること

誰にでも、自分を重要な存在として扱って欲しいという本能が備わっています。

そのため、相手を重要な存在として扱うことは、相手を喜ばせる大きな効果があります。

「でも、相手を重要な存在として扱うってどうしたらいいの？」

と、いう人もいるでしょう。

そのために一番簡単なのが、相手のために時間を割くということです。

二一世紀の日本人の多くは、「忙しい」「時間がない」と言っています。

そんな中で、他人が自分のために貴重な時間を割いてくれると、相手にとってはとてもうれしく感じるのです。

例えば、写真が趣味という友人が、展覧会に出展したらそれを見に行くとか、悩んでいる人の話を聞いてあげるとか、仕事が早く終わったら忙しそうな人を手伝うなど、

方法はいろいろとあります。

生活の中で、そんなふうにちょっと、自分の時間を人のために使えるようになると、その人の評判は間違いなくアップします。

反対に、人から何か言われてもろくに聞きもせず、

「あなたなんてどうでもいい」

「あなたのために自分の時間を割くなんてムリ」

という態度をしている人は、どんどん人が離れていきます。

もちろん、人助けをして自分のストレスになっては意味がありませんから、無理をする必要はありません。


できる範囲で、自分のできることをしてあげる。そんな簡単な行為の積み重ねがその人の心を輝かせ、人から慕われることにもつながるのです。

小さなプレゼントの大きな効果

人との待ち合わせのとき、ちょっとした手土産を持っていくと、相手に金額以上の喜びを与えることができます。

たとえば、誕生日の近い友だちに小さな花束を渡したり、旅行に行ったあとに会う友だちにお土産を手渡したりするのです。

金額は、千円くらいで十分です。

それでも、もらったほうは、

「彼女は私の誕生日のことを覚えていてくれて、わざわざ花束を買ってきてくれた」

「旅先で私のことを思い出してくれたのね」

というように、「相手が自分を気にかけてくれていた」という事実に喜びを感じます。

ある人気者のイラストレーターの女性がいました。

彼女がなぜ人気があるかというと、誰かと会うとき、必ずちょっとしたプレゼントを持ってくるからです。

それは、プライベートだけでなく、仕事でも同じです。

打ち合わせで出版社などを訪問するときは、編集部の人たちがみんなで食べられるくらいのお菓子を持って行くのが習慣でした。

締め切り前の忙しそうなときは、カロリーメートなど、食事代わりになるようなものを持って行きました。

そんな彼女の元には、いつもたくさんの仕事のオファーがありました。

このように、小さなプレゼントが人を喜ばせることができます。

誰だって、さりげなく自分を気にかけてもらえば嬉しいし、元気が出るのです。

信頼され、元気付けられる人は、確かな誠意の持主

人に与えて喜ばれるものの一つに、「誠意」があります。

誠意とは、相手を大切にする気持ちです。

たとえば、誰かと待ち合わせをするときにいつも遅れてくる人は、相手に対する誠意が足りないといえるでしょう。

「ちょっと小銭を貸して」

と言って、いつまでたっても返してくれない人も、誠意がない人と思われます。

反対に、いつも約束の時間より少し早く来て、相手が来るのを笑顔で迎えられるような人は、誠意のある人として、人気が高まります。

小さな約束を忘れず、きちんと守るのも、待ち合わせ同様に周囲の信頼を集めます。

とくに誠意を問われるのは、何か失敗をしてしまったときです。自分の失敗を言い

訳でごまかしたり、うやむやにして、なかったことにしようとしたりすると、その人は「誠意のない人」と思われます。

そういう人が、人から好かれることはありません。

大切な場面でごまかしたり、ウソをついたりすると、「いい加減な人」と思われて、相手とは薄い付き合いしかできなくなります。

どんなにプラスの言葉を使っても、どんなにお金を稼いでいても、人に対する誠意を持てない人が、相手を元気付けることはできません。

その反対に、不器用で気の利いたことができなくても、誰にでも誠意のある態度で接している人は、相手を安心させて、長いお付き合いを続けていくことができます。

外見や言葉など、表面だけをとりつくろっても、いつかボロが出ます。

本当の意味で人に信頼され、人を元気付けられる人は、確かな誠意の持主だといえるのです。

相手に笑ってほしいという思いが大切

「あの人と会うと元気が出る」という人を思い浮かべてみると、みんなユーモア精神があることに気づきます。

考えてみれば、小学校時代からずっと、クラスの人気者はユーモアに溢れた面白い人ではありませんでしたか？

その理屈は簡単です。人は笑うと、心にプラスのエネルギーが沸いてきて、元気が出ます。そのため、自分を笑わせてくれる面白い人の周りには、自然と人が集まるのです。

とくにユーモアの効果が高まるのが、辛いことや、悲しいことがあったときです。そういう時は、誰でも自分を責めたり、自分以外の誰かを恨んだりして、心にマイナスのエネルギーがどんどん増えてしまいます。

そんなとき、一緒にいるとつい笑ってしまうようなユーモア精神のある人と話すと、元気をもらえることがあります。

そして、元気を取り戻したとき、その人は自分を笑わせてくれた人に、大きな感謝の気持ちと親しみの気持ちを抱くのです。

「自分には笑いのセンスがない」というある女性が、失恋して落ち込んでいる親友を、お笑い芸人がたくさん出ている劇場に誘いました。

最初は気乗りしていなかった友だちも、劇場に入ると次第に表情が明るくなり、しばらくすると会場の雰囲気に飲まれて大笑いするようになりました。そして、二時間後に会場を出たときは、すっかり元気になってしまったのです。

このように、自分にユーモアのセンスがなくても、人を笑わせることはできるし、元気づけることも可能です。つまりは、相手に笑ってほしいという思いが大切なのです。ただし、人のうわさ話やコテコテのオヤジギャグなどは嫌われてしまうこともあるので、明るく楽しいユーモアだけにしておきましょう。

頼まれたこと以外で、人のためになることを進んでする

頼まれたこと、やらなければいけないこと以外に、少しだけ余分な仕事ができる人は、人から信頼されます。さらに言えば、その優しさは人に感動を与えて、相手を元気にすることもできます。

あるOLの女性は、何かをするときはいつも、少しだけ余分な仕事をすることを心がけています。

例えば、「これコピーとっておいて」と言われたとき、彼女はただ頼まれたことをして終わりではありません。

コピーしたものをホッチキスでとじ、それを次の会議で使うと聞けば、会議室まで運んでおきます。

他の人が、「言われなければやらないこと」を、彼女は自分から進んでできるので

す」

書類をホッチキスでとじたり、会議室まで運んだりといった作業は、たいして大変なことではありません。しかし、他の人はそこまで気がまわらないので、彼女のする「余分な仕事」は、目立ちます。

そのため、彼女は会社でとても人気があります。

実は、この彼女は会社だけでなく、プライベートでもこのようなちょっとした気配りが上手です。

そのため、男性からもモテモテです。

世の中には、人から何かしてもらうことばかり考えていて、自分が何かをしてあげる余裕を持った人は、そう多くいません。

だからこそ、頼まれたこと以外で、人のためになることを進んでできる人は、周りの人を喜ばせ、好かれるのです。

見返りを求めない

誰でも、何かをするときは無意識のうちに「貸し借り」の意識を持っているものです。そして、自分が何かしてあげたときは、その分の見返りを期待してしまいがちです。

しかし、こういうギブ&テイクの意識を持っていると、自分が何かしてあげて、思い通りの反応が得られなかったときに、ストレスを抱えることになります。

例えば、電車でおばあさんに席を譲ったとき、おばあさんが「ありがとう」の一言もなく席に座ったとします。

当然、感謝されると思っていると、「お礼くらい言ったらいいのに」という不満が心にわきあがって、心がマイナスの状態になります。

こういうとき、お礼を言われなくても気にせずに、「おばあさん、疲れているのかな」くらいに考えられると、心にマイナスのエネルギーは増えません。

このような場面は、職場でも恋愛でも、多くあるものです。

たとえば、必死で先輩の仕事を手伝ったのに、思ったほど感謝されなかったとか、恋人にプレゼントをあげたのに、恋人が思ったほど喜んでくれなかったという具合です。

こういうときは、「失礼な人」とか、「あーあ、もっと喜んでほしかったのに」と思う代わりに、「ま、いっか。自分が好きでやったんだから」とサッパリと思える割り切りのよさが大切になります。


一緒にいると元気がもらえる人というのは、いつもおだやかです。

小さなことで怒ったりイライラしたりすることがありません。

それは、彼らが、自分のしたことにいちいち見返りを求めず、自分の優しさを人に与えることに抵抗がない、という理由が大きいのです。

一時的な損得で判断しない

大学の講師をしている人が、こんなことを言っていました。

生徒に授業の後片付けなどの面倒な作業を頼むと、その反応は二通りに分かれるそうです。

まず、笑顔で引き受けてくれる生徒のグループ、もうひとつが、

「この仕事を時給に換算すると八〇〇円くらいだから、二時間で一六〇〇円のただ働きだよ」

と言いながら、仕方なく作業をするグループです。

そして、彼らの卒業後の進路を見てみると、二つのグループではっきりと傾向が違うそうです。

笑顔で作業を引き受けてくれる生徒は希望の会社に決まることが多く、頼まれたことをしぶしぶとやっていた生徒は、就職活動で苦労するというのです。

「情けは人の為ならず」ということわざがあります。

これは、「人に情けをかけるのは他人のためではない。巡り巡って自分に帰ってくるのだから、結局は自分のためなのだ」という意味です。

この法則をあてはめると、頼まれた作業を時給に換算して、「損した」と思っている人たちが、最終的にハッピーになれないのは、仕方ないことと言えるでしょう。

世の中には、「損」に見えても、実は「得」だったというような出来事がたくさんあります。

ですから、何か人から頼まれたときには一時的な損得で判断してはいけません。

大人になれば、そのときに損をしてでも、自分が人を助ける立場を買って出なければいけない場面もあります。笑ってそれを引き受けることで得るものはたくさんあるのです。そういう人が人から好かれるのです。

人を頼る前に自分で動く

人間には、受身タイプの人と、積極タイプの人がいます。

そして、「あの人ステキ」と思われる人はたいてい、積極タイプです。

私たちは生活の中で、誰かがしてくれるだろう、誰かが助けてくれるだろうという、根拠のない期待を抱くことがよくあります。

例えば、久しぶりに町で偶然あった友だちと、立ち話で「近いうちに、ゆっくりご飯でも食べようよ」と約束して別れたとしましょう。

家に帰ってから、よさそうな店をいくつか候補に選んで、早速相手を誘ってみるという人よりも、相手の方から誘ってくれるのを待っている、という人が多いのではないでしょうか?

そして、なかなか誘ってこない相手に対して、「食事の件は社交辞令だったのかな。

あの人って口だけなんだから」なんて、イライラしてしまうこともあります。

これに対し、積極タイプの人というのは、相手に何かしてもらうのを期待せず、やりたいことは自分で進めていきます。

人やまわりに頼らずに、自分で行動することができるのです。

「でも、準備とかって面倒臭いから、他の人にやって欲しいなあ」

というような、自分本位の発想を持っていると、いつまでも受身タイプから抜け出せません。

しかし、受身タイプでいる限り、相手が期待どおりに動かないといってイライラして、ストレスを溜めることになります。

自分のエネルギーを出し惜しみしないことです。

「自分がやりたいことは、自分でやる」と決めて、他人のために自分の力を使える人は、必ずみんなの人気者になれるでしょう。

分福の精神を持つ

明治の文豪、幸田露伴は、「分福《ぶんふく》」という教えを説いていました。

分福とは、自分の幸せを人にも分け与えるという意味です。人を元気づける人というのは、無意識のうちにこの分福ができている人が多いようです。

この分福に似た言葉で、外国に、「ノブレス・オブリージュ」という言葉があります。これは、財産や権力、社会的地位などを持つ人は、そうでない人にそれを分け与えなければいけない、という意味です。

この考え方にしたがって、古代ローマでは、貴族が道路や建物などのインフラ整備などの建築費を自腹を切って支払うこともあったといいます。

中でも、貴族制度や階級社会が残るイギリスでは、上流階層にはノブレス・オブリージュ（ノーブル・オブリゲーション）の考えが浸透しています。

また、アメリカでは俳優や実業家たちが競い合うように寄付をしています。石油王のロックフェラー、鉄鋼王のアンドリュー・カーネギーなどは多額の寄付をしています。

これらも、恵まれた環境にある自分たちの幸せを、そうでない人たちに分け与えるという分福の精神に通じるものでしょう。

大げさに考えなくても、日常生活の中で自分たちにできる分福もたくさんあります。

たとえば、取引先でいただいたお菓子を、職場のみんなに分けてあげたり、田舎から送ってきた果物をみんなに配ったり、という具合です。

ちょっとしたことですが、福があったとき、それを独り占めしないで、みんなに「よかったら、これどうぞ」と言える人は、人望を集めます。

自分の都合より相手の気持ちを考える

エステティシャンのM子さんは、みんなの人気者です。M子さんは、いわゆる気が利くタイプの女性です。その気配りが、一緒にいる人を喜ばせて、「また会いたい」と思われるのです。

たとえば、M子さんが恋人のTさんとデートしたときの話です。

その日、Tさんは徹夜明けでとても疲れている様子でした。このところずっと、仕事が忙しかったのです。

本当は、その日はデートで遊園地に行く予定だったのですが、M子さんは疲れた様子のTさんを見て、食事だけしてデートをお開きにしました。

M子さんは彼のことを大好きだったので、本当は一日中一緒にいたかったのですが、疲れた様子のTさんの体調を気づかって、デートを早めに終えたのです。

「今日はとても疲れているようだから、家に帰って体を休めてね。遊園地はまた今度にしましょう。忙しいのに来てくれてありがとう」

そう言って、笑顔で手をふるM子さんを見て、Tさんはますます M子さんを好きになりました。

実は、Tさんはこの日、本当に疲れていて、「デートは嬉しいけど、今はとにかく家に帰って早く寝たい」と考えていたのです。

その気持ちをわかってくれるM子さんの気づかいは、Tさんにとって新鮮なものでした。

なぜなら、過去にデートした人たちは、Tさんの都合など考えず、「自分が行きたいところに連れて行ってほしい」という女性ばかりだったからです。

M子さんはいつも自分の都合より、相手の気持ちを考えることができる人です。そのために、M子さんと一緒にいる人はいつも居心地がよく、会うたびにM子さんを好きになるのです。

「私で力になれることがあれば、遠慮なく言ってくださいね」

人は、無意識のうちに信頼できる人や、優しい相手を選んで、頼みごとをするものです。

もし、自分が「人からあまり用事を頼まれることがない」という場合は、

「頼みごとをしたらイヤな顔をされそう」

「図々しいと言われてしまいそう」

などと周囲から思われている可能性があります。

だからといって嫌われているというわけではないでしょうが、人に元気を与えるというキャラクターにはほど遠いと言えるでしょう。

もっと周囲との距離を縮めたいと思うなら、

「何か私で力になれることがあれば、遠慮なく言ってくださいね」

という一言を、あちこちで使うようにしましょう。

あるフリーライターの女性は、メールを出すたびに、最後のその一言を付け加えるようにしたそうです。

すると、「実はお願いしたいことがあって」というふうに、たくさんの小さな依頼が舞い込むようになりました。

彼女はムリのない範囲で、小さなお願いごとに応えていきました。すると、みんなに喜ばれ、その相手とは自然と親しさが増しました。

その後も、頼まれごとに応じていたら、仕事を紹介されたり、直接仕事を頼まれたりする機会が増え、彼女は売れっ子ライターになりました。

人の頼みごとに応じることとは、人のために自分の力を貸すということです。自分の力を貸すということは、自分のプラスのエネルギーを人に与え、相手を元気にするということです。

人から頼まれごとをされないという人は、ライターの女性の例を参考にしてみるといいでしょう。

相手の欲しい情報を察知してさりげなく提供する

自分にとっては、簡単に手に入る情報が、他人にとっては貴重な役立つ情報になることはよくあります。

世の中にはたくさんの情報が溢れていますが、それを調べる時間がなかったり、なかなか丁度いい情報が手に入らなかったりするときがあるものです。

そんなとき、ちょっと気をきかせて、情報を教えてあげると、喜んでもらうことができます。

「新宿でおいしいランチの店を探しているの？　だったら、○○という店がおすすめだよ。私も友だちを連れていったら喜んでくれたよ」

「三〇人くらいでセミナーをできる会場を探しているんだって？　この本に会議室がまとまって紹介されているから、見てみたら？　ちなみに、うちの会ではこの会議室を使ったらよかったよ」

こんなふうに、誰かが欲しい情報を察知して、さりげなく提供してくれる人は、好かれます。

もちろん、押し付けるのはいけません。さりげなくというのがポイントです。

しかし、中には「面倒くさい」「教えてあげて文句を言われたら損」といった理由をつけて、知っていてもわざわざ教えないという人もいます。

確かに少しは面倒なこともあるでしょう。しかし、その手間を惜しまず、「彼女にこの情報を教えたら喜んでくれそうだ」という想像力を持てる優しさが、その人の魅力となります。

わざわざ自分の時間を犠牲にする必要はありません。

自分の知っていることを、相手に伝える。シンプルですが、相手を喜ばせる効果のあるやり方です。知識を持っている人に近付きたくなるのは、自然な心理でしょう。

「また会いたい」と思われる人になる７つの習慣

著　者　　植西　聰
発行者　　真船美保子
発行所　　KK ロングセラーズ
東京都新宿区高田馬場 4-4-18　〒 169-0075
電話（03）5937-6803（代）　振替 00120-7-145737
http://www.kklong.co.jp
印刷・製本　大日本印刷（株）

落丁・乱丁はお取り替えいたします。
※定価と発行日はカバーに表示してあります。
ISBN978-4-8454-2506-8　C0270　Printed In Japan 2023

本書は平成 22 年 10 月に出版した新書判を改題改訂して新たに出版したものです。